ブラック企業は誰がつくる？

無知な経営者と狡猾なブラック社員

特定社会保険労務士 假谷美香

HM 保険毎日新聞社

まえがき

この本をお手に取って頂いて有難うございます。

昨今、労働者と会社のトラブルは増える一方です。当事務所へも、事件が起こってから「どうしたらよいのだろうか?」というご相談に来られる方が増えています。

ご相談にお見えになる経営者の中には、人格的に素晴らしい人で、一生懸命経営もしてきたにもかかわらず、ある従業員を雇ってしまったがゆえに、大きなトラブルに発展しているという方もいらっしゃいます。また、経営者ご自身が、もともとコンプライアンスについて甘い認識を持っていて、「法律なんて守っていたら経営なんてなりたたない」という意識のもとに、経営をしていたところ、ある日突然合同労組（ユニオン）から団体交渉申入書が届いた、あるいは、労働基準監督署から是正勧告を受けたという事例もあります。最近はやりの〝ブラック企業〟という言葉は、実はこんな労使トラブルから生まれています。

そして、労使トラブルの多くの場合、原因は経営者自身が法律に疎かったということが大きな理由です。

労使紛争は、しばしば火事に例えられます。

火事も、ボヤのうちなら数杯のバケツの水で消し止められることもできます。しかし、その建物の中に純酸素やガソリンなどがあれば、小火で済んでいたかもしれないような小さな事案が大火事、下手をすれば爆発事故にもなってしまうかもしれません。最初の取り組みを誤れば、多数の消防車が出動し、何時間もかけて、多くの犠牲と損害を出してしまうのです。もちろん、火事が起こってから対処をするのではなく、起こらない方策を取ることの方が、時間も金銭的にも、かかる損失が少ないことは言うまでもありません。

労使紛争もトラブルが起きた初期の頃であれば、時間も労力も最小限で済みます。しかし、ユニオンや行政を巻き込んだトラブルに発展すると、金銭的にも精神的にもその被害は甚大で、最悪の場合、経営者が精神疾患に陥る、もしくは倒産してしまうということもあります。その損失を金額で換算すると、場合によって億という単位を超えることもあります。

もちろん、大きな損失を被るぐらいなら、最初からトラブルが起きないための方策を取った方がよほど、財力、労力、体力、精神力を使わずに済みます。

この本は、トラブルが起こらない会社を作りたい、そんな経営者に贈る本です。

多くの経営者が、この本を読み、自身の会社をトラブルの起こらない強い体質の組織にしていただけることを期待しています。

目次

第4章 あなたの会社はブラック？……117

lack

第5章 ブラック企業と烙印を押される前に気を付けること……183

第6章
ブラック企業体質を脱却しハッピーカンパニーになるために……243

第1章

ブラック企業と呼ばれると こんな恐ろしい事態に…

1 今やトレンド？ ブラック企業

昨年、秋もだいぶ深まり紅葉が徐々に散り始めたある日、うちの事務所にとあるメーカーの社長と総務部長が2人でおみえになりました。

社長は60代後半のかっぷくの良い職人風の男性、総務部長は50代後半の人のよさそうなひょろりとした風貌の男性です。お二人とも疲れてやつれた様子でした。

相談の内容は、3年間働いたパートタイマーから先月末付で退職届が出され、会社は円満に退職したと認識していたにもかかわらず、突然内容証明郵便で不当解雇が告げられたという事案でした。内容証明郵便の内容は、

- 今回の解雇は不当であり、精神的苦痛を負ったため、慰謝料として○○円支払うこと。
- 過去2年間の賃金の未払い分として○○円を支払うこと。
- 残っている年次有給休暇は買い取ること。

・総額○○円を速やかに指定の口座に支払うこと。

・●月●日までに支払いがない場合は、ユニオンに加入するか、労働審判を行うつもりであること。

というものでした。慌てて総務部長が本人に電話をしてみると、「御社はブラック企業である。なんだかんだと理由をつけて、支払いを引き延ばすのであれば、知り合いのマスコミ関係者に、御社がいかに従業員を痛めつけているブラック企業であるかを告発する」とすさまじい勢いでまくしたてられたそうです。

このメーカーは従業員数約70名、工場は2カ所、創業50年で、現在の社長は2代目です。手堅い経営で、バブル崩壊後も多少経営が厳しい時代がありましたが倒産することなく、労使トラブルなど一度も経験したことがないという会社でした。社長と総務部長の話によると、彼女以外の従業員との関係性も大変良好であるとのことでした。

詳しく話しを聞いてみると、経営陣にとって青天の霹靂ともいえる事態であることもわかりました。

そもそもこのパートタイマーは、現在も在籍している社員の知人の紹介で入社をしました。入社当時42歳の主婦で、履歴書には、多くの職歴が書かれていましたが、仲介をした社員から、「経済的に困っているらしいので、何とか雇ってあげてほしい」と頼み込まれ、一度だけ軽い面接をして、すぐに採用を決めたそうです。

3年働いている間に、問題は起こらなかったのでしょうか？と質問をすると……「お恥ずかしい話ですが、部署の管理は課長に任せっきりでした。内容証明郵便が送られてきてから、彼女のいた部署の課長に話を聞いたところ、『縁故入社と聞いていたので、いままで言えなかったのですが……、勤務態度はいい加減、遅刻・早退は日常茶飯事、初めは請求書を出す業務に配置をしていましたが、2度ほど大きなミスをして会社に損害も与えています。その後、納品書を出す業務に配置換えをしました。納品書チームは複数の従業員がいるため、彼女の働きが多少悪くても、何とかなっていたため我慢をしていました。業務中、会社のパソコンで買い物をするなどの問題行動は目にあまるものがありました。しかし、今回自分から辞めると言ってくれたので、特に詳しいこともきかずに退職届を受理しました。正直、ホッとしていたのですが……』ということでした」。

彼女のミスに起因した損失についても、その課長が隠していたこともわかりました。結論から申し上げると、このパートタイマーについては、月給の4カ月程度の解決金を支払い納得していただきました。ユニオンに行くこともなく、労働審判を行うこともなく、比較的静かに話し合いが出来ました。3年間の彼女の業務に対する慰労として幾らかのお金を支払う用意があることを告げた瞬間目じりが下がったそうです。話し合いの最後に彼女が社長に言った言葉を、社長も総務部長も、一生忘れられないと語りました。

「あんたたちの会社はブラック企業だよ。従業員を搾取して安い給料でこき使っている会社なんだ」

まっとうな経営をして、従業員も大切にしてきたつもりだった社長の経営信条を根底から覆す言葉だったそうです。

最近、インターネットはもちろん、新聞・テレビ・雑誌等で「ブラック企業」という言葉が当たり前の様に聞かれるようになりました。企業で問題が起こるとすぐに「その会社、ブラックじゃない？」といわれてしまうのが現状です。ちょっとしたブームかトレンド、流行語といった様相を呈しています。

「ブラック企業」には、法律上の定義はありません。一般的には、法律を逸脱した働かせ方や、従業員に使い捨てに近い働き方をさせる、また労働に見合った給料を払わないといった企業のことをいいます。

２０１４年で３年目を迎える「ブラック企業大賞」というイベントがあります。これは、民間の労働者側の主張をもつユニオン（合同労組）の書記長、ＮＰＯ法人の事務局、弁護士等からなる「ブラック企業大賞企画委員会」が「ブラック企業の個別の事例や、それら企業を生み出す背景や社会構造の問題を広く伝える」ことを目的に立ち上げられたものです。ノミネートされるのは、過労自殺者等、大きな問題を抱えた大手企業です。最近の流行に合った話題性のあるイベントであり、今年はどの会社が大賞をとったのか？とインターネット上で注目をされています。

また、ブラック企業をテーマとしたテレビドラマも増えました。ブラック企業を摘発していく労働基準監督官を主役にした『ダンダリン―労働基準監督官』（２０１３年・日本テレビ／作画：鈴木マサカズによる漫画が原作）や、ブラック企業の社長を主人公に据えた『ブラックプレジデント』（２０１４年・フジテレビ）など、視ていた方もいらっしゃるでしょう。

　こうした現象は、これまでの日本では考えられなかったことです。こうしたドラマが作られる前からも若い層を中心に「ブラック企業」は話題になっていました。以下は私が実際に聞いた10代後半の女子大生の会話です。場所は、電車の中、日曜日の午前中のため車内は比較的すいていました。友人同士とみられる３人グループが私の前の席に座りました。

「ねぇ、ウチの彼氏って、いまカフェでバイトしてるんだぁ」

「○○（名前らしい）の彼氏って、[redacted]大学だよね」

「そうそう。で、ガッコの近くでバイトしてるんだって。３時から７時ごろまで」

「へぇー、そんなんだ。今度行ってみない？」

「うん。それはいいんだけど、気になっているのは、残業しても１０００円しかもらえないんだって。おかしくない?」

「何が? 残業代もらってるんでしょ」

「だからぁ、残業って、フツー多くもらえるじゃん? 彼氏の時給1000円なんだけど、残業してもその時間1000円分しかもらえないんだって」

「えーっ! それ変じゃん!」

「そーでしょ? 私もおかしいって何度もいってるんだよ。でも、彼氏が店長に言ったら、計算は間違ってないって言われたんだって」

「えーっ! それだまされてるんじゃない?」

「私もそう思うんだ。そういう時ってどうすればいいのかな?」

「ロウキに行けばいいんだよ。ロウキ」

「……ロウキって?」

「う~ん、ロウキ……　ネットで調べてみ?」

それから、彼女たちはスマートフォンで「ロウキ」を調べ始めました。

しかしうまくヒットしないようで、

「違うんじゃない?」とか「どんな字?」

などと大きな声で話し続けていました。

彼女らの前で本を読んでいた私は、彼女たちの会話を聞いてあきれたような悲しいような気持ちになりました。レベルはどうあれ、労使トラブルの芽はこんな雑談から生まれていると感じたからです。

彼女たちの会話について、少々解説をします。

彼女たちが話題にしている残業代についてです。そもそも1日4時間(午後3時から7時)しか働かない彼に、割増賃金がつかなくても法律違反ではありません。もちろん、だまされているわけでもありません。1日8時間以上働いているのであれば、8時間を超えた分の賃金は2割5分増しになります。しかし、半日しか働かないとか、6時間しか働いていない場合、原則として割増賃金は必要ありません(独自の雇用契約が締結されていたら別です)。そして、彼女たちが〝ロウキ〟と言っていたのは、言わずもがな、〝労働基準監督署〟のことです。最近、ロ、ウ、キ、と呼ぶのが流行りなのでしょうか? よく聞く言葉ですが、「労働基準監督署」の略称は「労基署」もしくは「監督署」です。

最近は、ロウキの正しい呼び方もどんなことをする役所なのかも知らずに「会社で困ったことが起きたらロウキに行けばよい」という図式が、若者の間で一般化されつつあるようです。

また、こんなこともありました。

場所は目黒駅近くのコーヒーショップ、午後3時ごろだったでしょうか。40代ぐらいの主婦とおぼしき女性が2人ではなしをしていました。

「うちの会社、パートには有休ないみたいなの……」

「それはおかしいわね。有休って労働者のケンリだから、ぜったいもらえるはず。『有休ください』って言ってみた?」

「なんか言い出しにくくて……もともとないみたいだし」

「なに言ってるのよ、パートだからって泣き寝入りする必要ないじゃない!ケンリは堂々と主張すればいいのよ!」

隣で聞いていた私は、彼女らが主張するケンリに違和感を覚えました。たしかに、年次有給休暇は、労働者が申請をすれば、会社は労働者が指定した日に与えることを義務付けられています。しかし、権利権利と主張する彼らの負うべき労働者の「義務」はどこにいったのだろうか?と考えてしまったのです。

これらのことを私が耳にして思ったのは、こうして日常的に就労環境の悪化などを話題にしている人たちには、「会社は悪で、自分たちは弱くて善良な労働者である」という揺るぎない観念が頭の中で組みあがってしまっていること、そして、彼らには意外なほど切迫感がないということです。

「ブラック企業」という言の葉に乗せやすい言葉が広まり、それと同時に、労使間の問題が発生した場合「悪いのは従業員でなく会社」という風潮が強くなっています。従業員が自分の義務(雇用契約において発生する労働者の義務です)は棚に上げ、会社のみを悪者にすることが正しいことであるといった風潮になっているのではないかと私は感じています。企業の経営側の立場からみると、企業経営が難しい時代になったと言えるのではないでしょうか? そんな中で、労使関係はどうあるべきでしょうか? 経営者は何に気をつけ、どう経営のかじ取りをしていけばよいのでしょうか?

本書では、読者の皆さんと、この問題について、一緒に考えていきたいと思います。

2 労使紛争の末裁判に！ 小さな会社も名前は全国版

前述の「ブラック企業大賞」にノミネートされるのは、誰でも知っている大手企業です。上場していなかったり内実は中小企業であったりしても、経営者が有名人だったり、知名度の高い商品を製造・販売していたり……知名度が高い会社ばかりです。では、知名度が低い小さな会社は、表ざたにならないのでしょうか？

なります。裁判になれば、○○工業事件とか▲▲サービス事件というように、事件名に会社の名前が冠されてしまうのです。また、最近はマスコミも労働争議やそれに関連する裁判に敏感に反応するようになりました。裁判沙汰になれば必ずと言っていいほど会社と経営者は悪いほうで有名になります。

代表的な例としては「京品ホテル事件」を挙げることができます。覚えていらっしゃる方もいるでしょう。

事件発生前まで、東京の品川にあった小さなビジネスホテルの名前を知っている人は、おそらく非常に少なかったのではないでしょうか。

私は東京からそれほど遠くはない千葉県船橋市に住んでいますが、事件が報道されるまでこのホテルの名前を知りませんでした。

このホテルの経営母体は、京品実業株式会社という会社です。

経営状態は芳しいとはいえず、経営者は必死にホテルの知名度を高める努力をしていたはずです。その努力はなかなか実を結びませんでしたが、あるとき突然、このホテルの名は全国に知られるようになりました。このホテルの名を全国に知らしめたのは、宣伝広告ではなく皮肉にも従業員が会社を相手取って起こした裁判でした。

事の発端は経営不振から廃業を余儀なくされ、従業員に解雇を通知したことでした。解雇に端を発し、大きな労使紛争、訴訟、そして争議に介入した東京ユニオンと元従業員の間で繰り広げられた解決金の分け前争い……

この一連のゴタゴタが全国版の新聞の紙面をにぎわせました。会社が廃業を決定したにも関わらず、従業員らはその整理解雇に納得できず、自主営業を断行しました。このシーンは、全国ネットのテレビニュースでも放送されました。

会社が廃業すると決めたのに、従業員がそれに抵抗して自主営業？　背後にはユニオンの存在？　そんなことができるのか⁉

このニュースは多くの経営者やサラリーマンの心に突き刺さったのではないでしょうか。また、この事件は「ユニオン」と呼ばれる組織の存在を全国の労働者に知らしめるきっかけになった事件でもありました。

この事件は労使和解という形で一応の決着を見ましたが、元従業員らの喜びもつかの間、今度は解決金の分配をめぐって元従業員らとユニオンが争う「京品ホテル闘争解決金訴訟」へと発展しました。この訴訟は、解決金として支払われた1億2500万円の分配額が争点でした。この訴訟が起こる前、ホテルから従業員らに解決金として支払われた1億2500万円は労働者側（52名）に5000万円、東京ユニオンに7500万円が分配され支払われました。それを不服とした元従業員らが、今度は東京ユニオンを相手取り裁判をおこしたのです。これらの一連の事件によって、「京品ホテル」の名は一躍全国に知られるようになったのです。惜しむらくは、このホテルはすでに廃業していたということです。

これ以外にも、最近の事件では、三重県のミスタードーナツのフランチャイズ「竹屋」の名前が記憶に新しいのではないでしょうか。「竹屋」は１９５０年創業の菓子メーカーです。当時、三重県内ミスタードーナツのフランチャイズ店を11店舗展開していました。その元店長が２０１２年5月、自家用車で通勤中に不整脈をおこして死亡しました。警察と労働基準監督署の調べで、この元店長は死亡するまでの1年間、毎月１２０時間の時間外労働が常態化していたことがわかりました。

これを受けて、四日市労働基準監督署はこの元店長の死亡を労災（過労死）と認定しました。遺族は、竹屋と竹屋の社長に約９５００万円の損害賠償を求めて提訴しています。

悲しいことに、良いニュースは人の興味を引きにくく、裁判にもならないので記録にも残りません。逆に強烈な印象が残る悪い話は、新聞やテレビ番組も大きく取り上げます。「過労死」や「●●ハラスメント」というキャッチーなキーワードもよく耳に残ります。その結果、人々の心に「ブラック企業」という名前が印象深く残っていくというわけです。

名前を売ってメディアに出ることが仕事の芸能人ならば、きっかけがたとえスキャンダルでも積極的に活用したってよいでしょう。しかし、こと企業においては、企業イメージに傷がつくことは死活問題にもなりかねません。

京品ホテルはすでに廃業していますが、竹屋が求人広告を出したとしても、おそらく店長職を希望するような人はいないでしょう。会社は従業員を食い物にするだけで助けてくれないというイメージが従業員に植え付けられてしまえば現役社員のモチベーションだって下がるかもしれません。そうなれば製品と労働の質は必ず下がります。もちろん本業の菓子の売り上げも下がることが予想されます。

ニュースの視聴者が、発信された情報を正確にうけとりイロメガネなしで判断することは、不可能です。真偽入り交じった情報が氾濫して正確な見極めができないからです。現在では、ツイッターやフェイスブックに代表されるソーシャル・ネットワーキング・サービス（ＳＮＳ）もこの情報の拡散に拍車をかけています。そこから発信された情報の多くは、恣意的にねじ曲げられていたり、よりセンセーショナルな味付けがされていたりします。そして多くの人が、これらの情報をもとに判断し、その会社に「ブラック企業」の烙印を押します。

そして、会社と従業員は風評被害に長い期間悩まされるのです。

3 未払い賃金が重くのしかかる

3章で詳述しますが、ブラックといわれる企業で問題になるのは、大きくは次の四つです。

①解雇
②過重労働
③未払い賃金
④ハラスメント（いじめ）

このうち、表面化すると企業にとってもっとも負担となるのが未払い賃金です。未払い賃金とは、法律上や雇用契約上において、本来支払われるべき賃金が支払われていないものを言います。雇用契約は、企業によって、もしくは個々の労働者との契約によって定められるものですので、本書では法律上の未払い賃金について問題にします。

法律上、未払い賃金として問題になりやすいのは、俗にいう残業手当や休日出勤手当です。残業したのに、その分支払いがない（サービス残業になっている）、とか本来休みの日に出勤したにも関わらず、その日の労働に対して割増賃金が支払われていない等です。

新聞をにぎわわせた事例では、大手ファストフードチェーンの未払い賃金の事件がありました。東京地裁は、訴えを起こした従業員に約750万円の未払い賃金を支払うよう命じる判決を下しました（東京地裁平成20年1月28日判決）。

平成25年7月には、大手中華料理チェーン店が、従業員約900人に対し、総額2億5500万円の未払い賃金を支払うことを発表しました。平成24年12月に労働基準監督署の指導を受け、社内で調査をした結果、この判断を下したとのことです。原因は、本来分単位で計算すべき時間外労働を1日毎に30分単位で切り捨てていた事でした。

これらは、大手企業のみの問題ではありません。中小企業においても、冒頭の事例のように、円満退職したパートタイマーから、ある日突然「未払い賃金を過去2年間遡って支払え」という内容証明郵便が届くことはよくあることです。

私の身近な例でも、月給30万円の社員から、2年間遡った未払い賃金約300万円を請求されるというケースがありました。その会社には、10名ほどの従業員がおりましたが、全員で結託し、経営者に支払いを求めました。実に総額約3000万円です。この会社の場合、問題となったのは、残業代もさることながら、土曜出勤の休日出勤手当でした。この会社は土曜出勤を強制していたにもかかわらず手当を支払っていなかったのが大きな問題となりました。

5章で詳述しますが、こうした未払い賃金が問題になる根本的な理由は、経営者が経営の基本たる労働基準法に疎すぎることです。

労働基準法には、会社には従業員の労働時間を把握する義務がある旨が定められています（正しくは厚生労働省から出されている「労働時間の適正な把握のために使用者が講ずべき措置に関する基準について」に記載をされています）。

土曜出勤の例で言えば、この休日出勤が会社命令でなく、従業員の勝手な都合による出勤であっても、出社していることがタイムカードに記録されており、会社がその社員の土曜出勤を把握しえたにもかかわらず、会社が勧告などの措置を講じなかったのであれば、休日出勤を黙認していたことになり、会社は休日出勤手当を支払う義務が生じます。

毎月のタイムカードの確認をする義務を経営者が怠らなければ、こうした従業員の自主的な休日出勤を見過ごすことはなくなります。

また、未払い賃金に関して、多くの企業が思い込んでいる間違いの一つが「課長以上の役付きには残業代を支払わなくていい」というものです。

残業代を支払いたくないがために、社員の大半を課長以上にしている会社も数多くあります。まるで金科玉条のように信じ込まれているため、違法であることを指摘してもご理解いただけないことが少なくありません。

労働時間や休日出勤の適用除外となる「管理監督者」とは、労働基準法第41条第2号に定められています。一般に言う「管理職」とは違います。「管理監督者」とは以下の条件を満たしている人たちです。すなわち、

- 管理監督者としてその職責にふさわしい賃金を受け取っている
- 経営者と一体の立場にあり、一定の裁量権がある（例：人を雇う等の人事裁量権がある等）
- 労働時間管理を自分で行っている（重要な職務と責任を負っていることから、現実の勤務が実労働時間の規制になじまないようなものとなっている）

つまり、「うちの会社は課長に昇格すると、一律残業代はつかない」という考え方は、かなりブラックに近いグレーゾーンに入ります。「うちの会社の課長」が実態として管理監督者といえるかどうかという点が問われます。部下が一人もいず、時間管理もきちんと会社にされており、基本給は課長になる前とほとんど変わらず、課長手当の金額はわずか1～2万円というのでは、「管理監督者」とはいい難いと判断されても

仕方がありません。

確かに、管理職手当が残業代に相当するほど潤沢に支払われているのであれば、問題はないかもしれません。しかし、月に数千円、あるいは1～2万円の手当が果たして何時間分の残業代に相当するのか、考えてみればわかることです。

では役員なら未払い賃金は発生しないのか、と言えばそうではありません。

役員には「時間外」という概念は当てはまらないため、残業代や休日出勤手当はつきませんが、深夜勤務（25％）の割り増しや年次有給休暇制度は適用されます。また、最近は「そもそも自分は名ばかり役員であり、実態は一般の従業員と変わらない」と主張し、トラブルになるケースも増えています。

労働基準監督署が調査に入った場合、真っ先に見るのは、残業が一番多い人に適切に残業代が支払われているか、そして残業代が支払われていない管理職が適法な管理監督者なのかです。

経営者の思い込みによる未払い賃金問題は会社経営の屋台骨を揺るがす大問題になりかねないことを覚えておいてください。

ここで、残業（時間外労働）のそもそも論について考えてみましょう。なぜ労働者は残業や休日出勤をするのでしょうか？　日本は欧米に比べて労働時間が長いと言われています。厚生労働省は、長時間労働の弊害─健康障害の原因になる、家庭崩壊につながる……などを理由に、労働時間削減に向けて、さまざまなキャンペーンを打っています。今の日本社会に長時間労働を良しとする風潮はありません。にもかかわらず、多くの労働者は残業をします。なぜでしょうか？　これには二つ原因があります。

単純に仕事の量に比べて従業員の人数が少なく、1人あたりの負荷が大きすぎて時間内に仕事が終わらない場合、そしてもう一つは、残業をするほどの仕事量があるわけではないのですが、残業代欲しさに日中（通常業務時間とされる時間帯）はだらだらと過ごし、夕方ごろ（時間外労働とされる時間帯）からエンジンをかけ始めるという労働者の都合による残業です。

厚生労働省がさまざまなキャンペーンを行い、ワークライフバランスを前面に打ち出しているにもかかわらず、多くの企業で浸透しない理由は、後者のだらだら残業をする従業員にも原因の一端があります。

以上の点から経営側（者）に、「もっと効率よく働けるのでないか？」「生活のために残業を稼いでいるのではないか？」「家に帰りたくないから会社にいるだけではないか？」という疑念が生じているため、素直に法律を守る気になれないとも考えられます。

実際に、中小企業の経営者からこんな声をよく聞きます。「学ぶ意欲もなく、仕事を教えても覚えようとしない従業員や、業務都合ではなく、残業代を稼ぐことを目的に残業をしている従業員に、残業代を支払ってしまったら、一生懸命効率的に働く努力をして時間内に仕事を終わらせている従業員から不満が出る。場合によっては、残業代が出るならと、今効率よく働いてくれている従業員までだらだら残業をするようになってしまいそうだ」ということです。

私は、これらの経営者の声が理解できますし、共感もできます。しかしながら、間違いはもっと根本的なところにあるとも考えています。

労使（労働者と使用者）は会社が発展するために力を合わせるべきもので、本来敵対する必要のない関係です。

最近の大手企業の労働組合などは、それがよくわかっているため、昔見られたような、会社が立ち行かなくなるような無茶な要求を企業側にすることはなくなりました。企業側がスキルアップの研修をするのであれば、労組側はワークライフバランスやモチベーションアップが可能になるような研修をするというもちつもたれつの姿勢を取るところが増えています。しかし、まだまだ多くの企業で労使紛争が続いています。

労働者は何かあれば会社を「ブラックだ」と糾弾して権利を主張し、その一方で、使用者は労働者の権利意識が強すぎると感じ、労働環境を厳しくしなければやっていけなくなると考えます。これでは悪循環です。

「ブラック企業」という言葉が、トレンドのごとく簡単に口にできる時代になりました。そのため、労働者の権利意識が高まり、企業の立場は弱くなり、無用な労使紛争が起きていると行っても過言ではありません。

話が少しそれますが、今、建設業では「平成29年問題」というものが懸念されています。これは、現場の建設作業員の社会保険（年金・健康保険）と雇用保険未加入に関して、平成29（2017）年からは完全加入を義務づけるというものです。

この時点で社会保険未加入の会社は、元請けも下請けも関係なく入札に参加できなくなるという制裁を科されます。しかし、未加入の会社が社会保険に加入し、労使合わせて賃金の26％といわれる社会保険料を支払うと、その分、固定費が上がります。

ギリギリの経営をしている企業側にそこまで支払う能力はありません。また、従業員にとっても、今まで身一つで働きに来て日当がまるまるもらえたのに、そこから保険料を差し引かれるとなると、結果的に手取りが下がるということになります。「平成29年問題」は労使双方にとって大きな課題となっているのです。

こうした建設業の経営者の中には、この問題に関して、「国が勝手に法律を変えた」と憤る人もいるのですが、法人格を持つ組織（株式会社、有限会社、ＮＰＯ法人等）が社会保険に加入しなければならないという法律は元からあり、制度は変わっていません。しかし、過去、社会保険庁のチェックが「ずさん」だったため、入らなくてもなんとかなっていたのがこれまでの状態だったのです。時代がコンプライアンス（法令遵守）に重きを置こうという流れになっているだけで、法律自体が変わっているわけではないのです。

これと同じことが未払い賃金問題にも言えます。

ここでいう未払い賃金というのは、ほとんどが休日出勤手当を含む残業代です。多くの場合、従業員の訴えなどによって労働基準監督署が調査に入り問題が発覚します。

いまでも「●●時間以上は何時間残業しても残業代は支払わない」と残業代の上限を決めている会社は多いのですが、これは明らかな労働基準法違反です。また、「うちは年俸制なので残業代は出ない」としている会社もありますが、これも違法であり、残業代は支払わなければなりません。

そもそも、賃金とは「労働の対価」ですから、従業員側によほどの問題（仕事もないのに、残業代目当てに、上司に内緒で休日出勤する等）がない限り、その労働の質に関わらず、残業代は支払う必要があるということを覚えておいてください。

4 ユニオン（合同労組）に踏み込まれ会社が崩壊状態に

ユニオン（合同労組）とは、従業員が所属している企業を問わず、個人単位で加盟できる労働組合のことで、企業内の労働組合とは違い、複数もしくは異業種の労働者が構成員です。労働組合が企業に対峙して行う交渉を「団体交渉」といいます。

日本には労働組合法という法律があって、適法に団体交渉をする権利はこの法律によって守られています。ユニオンの適法性については疑義もありますが、現状では「労働組合」の一つとして対応をすることが求められています。したがって、たとえ、会社とは縁もゆかりもないユニオンから団体交渉を求められたとしても、企業は、誠実に団体交渉の席につく必要があります。

もともと労働組合そのものが、労働者が2人いれば結成できるものであり、ユニオンも同様にして作られたものです。企業内の労働組合と決定的に違うのは、1人でも加入ができるということです。労働者が会社に疑問や不満を持ち、何とかしたいと思った時に、ある意味非常に気軽に加入ができる組織です。

ユニオンは民間の組織であるため、結成の目的もターゲットもまちまちです。残業代を支払われていない課長が駆け込むような管理職ユニオンや、業界団体のユニオン、フリーターユニオンというものまであります。

従業員がユニオンに加入した場合、企業にとって最も重要なのは〝初動〟です。その初動を間違った社長の事例をお話しします。

従業員3人の小さな美容室です。

その年、社長は自分の母校である美容学校から新卒を1人採用しました。最初は一生懸命働いていたと思われたこの新卒社員は、6カ月を過ぎたころから徐々にやる気を失っていきました。

「有休下さい」「体調が悪いです」「先輩からいじめられています」「シャンプーばっかりじゃ面白くないんで、カットをもさせてください」と、社長が面談をすると、こんなことを言ってきます。（美容業界では、新人アシスタントとして仕事を始めてから短くても2年、長ければ6年も経験を積んでスタイリストになるのが普通で、その間はカットはさせてもらえません。）この時点の社長の対応もあまり良いものではありませんでした。「美容室に有休はない」「体調が悪いのはやる気がないからだ」「仕事もできないくせに」「もっと気を遣って一人前の仕事をしろ」という返答をしていたそうです。

年末はどこの美容室も忙しいものです。この美容室もご多分に漏れず、大変忙しく、社長もこのことをすっかり忘れてしまっていました。問題の彼も次々に来店するお客様へのサービスに追われ、それなりに頑張っているのだと思い込んでいました。

年が明けると、彼がまったく店に出てこなくなりました。

電話をしても応答がありません。美容室は年始も忙しいので、社長は電話をするぐらいで特にアクションを起こすことなく時間は経っていきました。

1月15日、美容室に「団体交渉申入書」がファックスで届きました。続いて、原本も書留で届けられました。申入書には、団体交渉を行う旨、日時、場所は彼の働く店であることが記載されていました。初めてのことに慌てた社長は、同業者にどう対応したらよいかを聞いてまわりましたが、これといった解決法は得られませんでした。

返事を先延ばししていたところ、また文書が送られてきました。そこには、団体交渉に応じない場合は、不当労働行為とし、労働委員会に申し立てをする旨が通告されていました。

この一文を見た瞬間、社長は全身から血の気が引いていく音が聞こえたような気がしたそうです。慌てて、指定の日時に団体交渉を受ける文書を送りました。ユニオンが指定した日の午前10時から始まった団体交渉は延々と続き、交渉が終わった時には夜7時をすぎていました。その9時間の間、社長がいかに無能で無知でひどい経営者かということを言われ続け、社長はどっと疲れてしまいました。しかし、1回目…、2回目…、3回目と団体交渉も回数を重ねてくると、社長も何となく雰囲気がわかってきます。理不尽な要求には屈したくないという気持ちもむくむくと湧き上がりました。その反面、こんなことは、もう終わりにしたいという気持ちにもなってきます。

3回目の団体交渉の折、ユニオンの担当者（おそらく書記長）からこんなことを言われたそうです。

「このまま、こちらの要求を認めていただけない場合は、こちらとしても御社が従業員に対し、どれだけひどいことをしているか、世間の皆さんに知っていただくことになると思いますが、よろしいでしょうか?」というのです。

具体的にはどういうことかと社長がたずねると……

「まぁ、店の周りでビラをまくとか、街宣車を出すとかでしょうかねぇ」

当然そんな、近所迷惑なことはやめてほしいと社長はいいます。すると、

「だったら、こちらの要求をのんでいただけませんかねぇ」

というやり取りがありました。

とはいえ、この社長は、かなり楽観的にこの言葉をとらえていました。そんなことを言っても、本当にやるわけないよ。向こうも忙しいだろうし……などと思っていたのです。団体交渉の10日後、その日は日曜日でした。店は繁華街にあり、近くには大きな交差点もあります。常連のお客さんが、けげんな顔をして店に入ってきました。

「あの…、外でこんなものをもらったんですけど」

それは、「従業員を使い捨てにする美容室」と書かれたチラシでした。社長は、震える手でチラシを受け取り、そっと休憩室へ入りました。もう何もする気力もありま

せん。頭の中は、「もういい。言われる通り、全ての要求を飲もう」という思いで一杯でした。

数回の団体交渉の末に、解決金を支払うことで、この問題は終わりました。

残ったのは、今でも大きな顔して働き続ける問題の従業員と、社長の健康障害でした。この後、社長は心労がもとで、精神を病んでしまいました。そして、今も心療内科に通い続けています。この従業員の顔を見たくないと、店に出ることも少なくなりました。今は、この店をいったん閉めて、新しい場所で、新しい従業員とやり直すか、あるいは、一人で店を始めようかと考えているところです。

最近では、チラシや街宣車だけではなく、パソコンやスマートフォンを利用したSNS（ソーシャルネットワーキングサービス）やインターネット上の掲示板で会社名と被害の内容を拡散させることを団体交渉の戦術にするユニオンも増えてきています。インターネットに名前が出たら、あっという間にかつ無制限に悪評が広まってしまいます。経営者がもっとも恐れるところを突いてくるのです。

では、こうならないために経営者はどうすればいいのでしょうか？　最悪の事態に陥らないためにも、最低限遵守すべき法律を学ぶこと、そもそも企業経営をしていく過程で、法律を遵守してもきちんと利益が出せる計画を立てて、実行していくこと、そして何より、従業員と信頼関係を築くことが大切になってくるのです。

次の章からは、ブラック企業の実情と、経営側は具体的にどうすればいいのかをお話ししていきます。

第2章

ブラック企業は
すべて「悪」なのか?

1 ブラック企業と呼ばれた会社

さて、1章では従業員からブラック企業という烙印を押されてしまうとどうなるかということをざっとご説明しました。では、一般にブラック企業といわれる会社には、どんなところがあるのでしょうか。

よく知られているのが、最近経営者の発言で問題となったたかの友梨ビューティクリニック（株式会社不二ビューティー）、居酒屋チェーン「和民」などを展開するワタミフードサービス、そして、すき屋（ゼンショーホールディングス）です。

いずれの会社についても、マスコミで大きくクローズアップされましたので、多くの方の記憶に残っているでしょう。もちろん、これら以外の、知名度の低い企業においても、「ブラック企業」と言われる会社はたくさんあります。誰でも知っている会社の事例を取り上げた方がわかりやすいので、これらの会社について何がブラック企業と言われる原因になったかを考えてみましょう。

たかの友梨ビューティクリニックが、問題になったのは、労働組合に加入した女性従業員に対し、たかの氏がパワーハラスメントを行ったという事件でした。その時のやり取りが録音され公開されたことで彼女は経営者としてのモラルを疑われることになりました。発言を要約すると「労働基準法を守って経営をしていたら、会社はつぶれる。あなたは会社をつぶす気か?」という内容でした。

たかの氏は、かつて出版した著書の中で、「新しく入った従業員が社会保険について聞いてきた。しかし、当時のわが社には社会保険や雇用保険を払う余裕はなかった。新入社員が、いの一番に保険について聞いてくるなんて、と思ったが、はっきりと『保険をあてにして入社するなら今すぐ辞めてもらってかまわない。ここではあなたの腕が保険になるのだから』ときっぱりと言いました」と記しています。

これは、二つの側面があります。

そもそも法律を守っていたら会社の経営は成り立たないという固定概念の元に、最初から守る気がないという側面と、カリスマ経営者らしい強力な吸引力を元に従業員のモチベーションをアップするためのポーズという側面です。

この本は、2000年8月に発刊された『人生はイメージしだい』（IN通信社）という本です。この本が刊行された当時、日本は、今ほど企業のコンプライアンスに厳しくありませんでした。また、たかの氏自身もマスコミに取り上げられ始めた時期です。本の出版そのものがマーケティング戦略の一つであり、自分の人生観をアピールすることで、好感度を上げようとして書かれたものだと考えられます。本の趣旨に照らし合わせて考えると、経営者としてのスタンスをより強く押し出すための演出であったと考えられます。よって、前述の一部の文章のみを切り取って、たかの氏のコンプライアンスに対する意識の低さを論じるつもりは毛頭ありません。とはいえ、ひとたび発言が問題視されれば、その発言の真意は置き去りにされ、別の解釈（時には悪意に満ちた）が独り歩きを始めます。その結果、経営者本人だけではなく、企業のイメージを大きく損なうことになります。たかの氏の場合は、それが顕著に表れた例なのです。

次にワタミフードサービスはどうでしょうか？

ワタミフードサービスは、ベストセラーになった『夢に日付を』（2005年 あさ出版）という自己啓発本の著者である渡邉美樹氏が創業者ということ、そして安価で敷居の低い居酒屋チェーンで、利用しているサラリーマンも多いことから注目を浴びた会社です。

2008年に新卒で入社した女性社員が、入社後わずか2カ月で、過重労働が原因と考えられる精神疾患から自殺してしまった事件が発端でした。その後、遺族は所轄労働基準監督署に労災申請をしましたが、それが却下されたことに対して、労働基準監督署を相手に訴訟を起こしました。その一連の事件によってワタミフードサービスの名は一気にブラック企業として全国レベルになってしまいました。

三つ目の「すき家」の事件の顛末は以下のとおりです。肉を愛する多くのサラリーマンの財布を助けてきた牛丼チェーン店「すき屋」（ゼンショーホールディングス）が、労働問題でマスコミをにぎわせたのは2006年でした。発端はアルバイトの解雇を巡るトラブルでしたが、ユニオンが介入した交渉の過程で未払い賃金が発覚。一方で、会社は監督署の是正勧告書の受け取り拒否をするなど、労使紛争は泥沼の様相を呈しました。事件はマスコミでも大きく取り上げられました。のちに、ゼンショーホールディングス自らが有識者を中心とする第三者委員会に調査、原因の究明、改善案の提示等を依頼し、その過程で労働の実態があきらかにされていきました。

さまざまな問題点はありましたが、その中でも、注目を浴びたのは、長時間労働です。原因は、顧客ニーズに応えるべく店舗を24時間営業にしたことでした。計画そのものに無理があったのです。売上と諸経費の兼ね合いから深夜には一人での勤務を余儀なくされ、それが「ワンオペ」と名付けられシステム化されていました。深夜の繁華街で一人で店を守る精神的なプレッシャーや、実質的には休憩が全く取れないという肉体的な負担から、過酷な労働の代名詞にもなりました。

ブラック、ブラックとしきりに言われるこれらの企業ですが、実態はどうなのでしょうか。

ブラック企業の定義は後ほど詳述しますが、問題となりやすい賃金水準に関して言及するなら、この3社の正社員は、他の同業種の中小企業などに比べるとそれ程低くありません。もちろん、長時間労働などの問題はありますが、異常な低賃金で従業員を使い捨てているという水準にまでは至っていません。そういう観点から見れば真っ黒か？と問われれば、ねずみ色（グレー）？ともいえる範囲ではないかと考えられます。

特徴的なのは、ブラック企業と呼ばれている企業がすべてサービス業と呼ばれる業種であることです。サービス業が長時間労働になりやすい原因の一つとして、営業時間があげられます。すき家は24時間営業を自社の特徴として掲げました。ワタミフードサービスも、店舗によってまちまちですが、おおむね16時か17時に開店し、深夜の2時か3時ごろ閉店となります。金曜日・土曜日・祝祭日の前日は朝5時まで営業をしている店舗もあります。たかの友梨ビューティクリニックは11時から21時がスタンダードなようです。

サービス業で、経営の問題点となりやすいのは、責任感のあるアルバイトやパートタイマーの確保です。シフトに組み込まれていても急に仕事を休むアルバイトがいたりすると、その穴を、店舗にわずか2名ほどしかいない正社員が埋めることになります。それが繰り返されれば、店長、副店長などの肩書を持った正社員が疲弊をしていきます。店舗の運営責任者たる店長は、当然売り上げについても一定の責任を課されているため、これが大きなストレスとなり、場合によっては、精神疾患を引き起こすようなこともあります。

世間にブラック企業と烙印を押されたことで、これらの会社は現在どのような状態になっているのかも紹介しておきましょう。

ワタミフードサービスもすき家も、2014年には、求人をしても人が集まらず店舗を休業せざるを得ない状況になっています。

たかの友梨ビューティクリニックについては、従業員が残業代を巡って会社を提訴しており、今後も紛争は続いていくでしょう。今後も続く労使紛争の長いトンネルの入り口に立ったという状況といえます。

2 経営者自らがブラック企業かも？　という会社

さて、ここまで読んできて、「うちってブラック企業なのかな」と思われた経営者もいるかもしれません。

実は、そう考える経営者は、私の周りにも多くいます。

経営者自らが「うちはブラックだから」などとつい口にしてしまうことも少なくありません。こんなことをうっかり言ってしまうのは、中小零細企業の経営者に多いのが特徴の一つです。何百人、何千人もの従業員を抱える大企業の経営者にこのタイプはまずいません。その言葉の重さを知っているからです。

「うちはブラック企業だから…」と軽々しく口にする経営者には、二つのタイプがあります。

まず第一のタイプは、漠然とした不安を抱えている経営者です。

人は、わからないことについては、常に不安が付きまといます。経営者であれば、将来の景気の動向、社業の将来性、マーケットの成長度等々、未来に向かうオカネに関することが、その不安の大元になります。ブラック企業と自らが言ってしまう経営者は、オカネに加えて、労働諸法令に関する不安が加わっています。

労働諸法令とは、労働基準法をベースとする、数多ある法令の総称です。

自分は法律の専門家ではない、たぶん、専門家になる必要もない、でも、インターネットやニュースで見聞きする内容は、どうも今まで自分がやってきた方法と違うらしい。下手をすると自分がやってきたことは法律違反かもしれないという不安が頭の片隅をよぎります。そうこうしているうちに、ワタミやすき家、たかの友梨ビューティクリニックのような話を聞き、ブラック企業と烙印を押された後の会社の姿や自分の将来を想像し、不安に駆られるのです。ある人は、この漠然とした不安を抱えたまま、日々を過ごす人もいるでしょう。またある人は、同業者の集まりに顔を出し、情報収集するかもしれません。同業者とは大抵同じような規模、同じような経営方法をとっているため、「大丈夫だよ。わからなければいいんだよ。わかったって、こんな風に対応すれば、なんとかなる」などという付け焼き刃的な入れ知恵をされ、不安を紛らわせます。わずかでもアクションを起こすという点で、多少良いですが、根本的な解決にはなっていないため、不安は心の底にくすぶり続けます。

第二のタイプは、「労働基準法なんて守っていたら、会社経営なんてできん！」と開き直るタイプです。このタイプの経営者は昭和の時代、多く存在しました。たかの氏は、このタイプと言えます。

このタイプも、やはり「自分のところは大丈夫だろうか」という漠然とした不安を抱えています。ただ、最初のタイプの経営者とは逆に、開き直ることで、かりそめの安心感を得ています。

この二つのタイプに共通する点は、いずれも自分自身に「正しい法律の知識がない（労働基準法を知らない）ことを自覚している」ということです。

知らなければまずいということはわかっているのですが、学ぶ気はない。そして、その現実を見なくていいように「うちはブラック企業だから」と先手を打って開き直るというわけです。

また、もう一つの共通項として、これは人間なら誰しも持っている心理なのですが、

「変化を恐れる」という点があります。「変わらなければ経営していけない」という考えは、経営者であれば誰もが頭にあります。その反面、安定期に入った企業であれば変化することそのものが恐ろしい、変化することで会社がうまくいかなくなるかもしれない、といった考えも同時に持ち合わせているのです。

しかし、これはしかたないことかもしれません。変化を嫌うのは人間の本質であり、たとえ経営者自身が意識を変えたとしても、変化を嫌う従業員から反発を受けることだって考えられます。実際、そんな例は枚挙にいとまがありません。逆説的に言えば、この不安を払拭して変わっていくことができる経営者がいる企業は大きく伸びることができる企業である、ということでもあります。

「うちはブラック企業かも」とつい言ってしまう経営者に私がお勧めしたいのは、まず自社の現実を認識することです。そのうえで、将来も自分が経営にかかわっていくにあたり、現状のままでいいかを考えてみることです。

どの会社にも、目指す方向性、目標があるはずです。その目標にかじを切るにあたって、現在の漠然とした不安を抱え続けているような状態を続けていてよいのか、それを考えていただければよろしいのではないでしょうか。

3 ブラック企業の本当を知る

1章で「ブラック企業」という言葉がトレンド化していると説明をしました。ですから、「ブラック企業に勤めている」と簡単に口にする人の多くには、切迫感がありません。

私は、世間で言われている「ブラック企業」には2種類あると考えています。少しでも労働者自身に不利な状態を見つけると軽い気持ちで自分が働いている会社を「ブラック企業」と呼ぶパターンと、経営者が確信犯的に利益を上げるために、従業員を追い詰め働かせるパターンです。前者を「仮面ブラック企業」、後者を「真性ブラック企業」と私は呼んでいます。

「真性ブラック企業」ではどんなことが行われているか、ご紹介しましょう。

まず、実際に労働基準監督署に持ち込まれた相談には、こんな内容のものがあります。

「会社に退職を願い出たら、『おまえが辞めることで、会社は売り上げが落ち、損害を被る。ついては損害賠償を請求する。それでもいいのか』と言われた」「『辞めたらおまえが過去に出した赤字分を損害賠償請求してやる』と言われた」といったものです。これらは会社側が従業員に脅しをかけて、辞めたくても辞められないような状態に追い込んでいるケースです。

また、私は知人の20代の男性からこんな話を聞いたことがあります。「ノルマが厳しくて辛い。達成できないと、チームの足を引っ張ることになるから、月末には先輩から『目の前で客に電話をかけろ。30分で5000万円売り上げないとチームは大迷惑なんだよ。』と言われて、先輩に見張られながら電話営業をした。結局ノルマが達成できず、腹をけられた」と。彼は新卒である会社に入社をしました。厳しい仕事（ノルマ）に耐えながら2年間頑張りましたが、その頑張りも途切れそう……と涙ぐみながら話していました。

彼らはなぜ辞めることができないのでしょうか？　背景にはさまざまな問題があります。

本当に損害賠償請求されたら、個人ではとても支払える金額ではなく、どうしたらいいのかわからず、もんもんとしながら勤めを続けているパターン。

勤続期間が短い場合は、「こんな自分には根性がないだけではないか、自分はできそこないなのではないか」と自分を責めてしまうパターン。また、20代の若者の場合、家族の存在が問題を深刻にしている場合もあります。両親が、わが子の将来を思い、もう少し頑張れば、次のステップアップが出来るのでは?と考えている場合です。「あと少し頑張ってみたら?」「社会人になると辛いことはあるよ。でも、それを乗り越えてこそ人として大きな成長が出来る。チャンスだと考えられない?」など、良かれと思ってアドバイスをすることによって、逆に本人を苦しめてしまっていることもあります。

念のために申し上げておくと、実際に企業側が辞める社員に損害賠償請求をしたとしても、裁判で認められることはほとんどありません。万が一認められたとしても、労働者に損害賠償分の全額を負担させるなどということは、まずありません。

また、「利益が上がってないと経営者に暴力を振るわれた」「辞めないように、社員寮に監禁された」といった、驚くような訴えも中にはあるようです。

労働基準法の第5条には「使用者は、暴行、脅迫、監禁その他精神又は身体の自由を不当に拘束する手段によって労働者の意志に反して労働を強制してはならない」という、「強制労働の禁止」という条項があります。これを破った場合、「1年以上10年以下の懲役または20万円以上300万円以下の罰金」という、非常に厳しい罰則が科せられたうえに、民事で会社が訴えられれば、高額の慰謝料の支払いが命じられることもあります。こうした結果がわかっていても違法行為をするのは、「真性ブラック企業」以外の何物でもないでしょう。

本当のブラック企業の従業員は、例を挙げたように、普通ではちょっと想像もつかないような環境で、精神的・肉体的に苦しめられているのです。一般的に言う、残業が多い、休日出勤が多い、残業しても固定残業制度で残業代が少ない、といったレベルではありません。

もちろん、今言ったような残業代の過少支払いや過重労働などは大きな問題です。企業として絶対にただささなくてはならない問題点であることは言うまでもありません。

4 「仮面ブラック企業」と「真性ブラック企業」

前項で「仮面ブラック企業」と「真性ブラック企業」についてお話ししてきましたが、ここではそれをもう少し掘り下げて説明したいと思います。

まず、ブラック企業かどうかを判断する基準として、

①労働時間
②賃金
③残業代
④年次有給休暇の扱い
⑤社内の人間関係

の5点があることを知っておいてください。

62ページの【図表1】に、「仮面ブラック企業」と「真性ブラック企業」のそれら5項目について、違いと特徴をまとめました。

【図表 1】真性ブラック企業と仮面ブラック企業の特徴

	仮面ブラック	真性ブラック
労働時間	月に60時間程度の残業が常態化。 年に何度かは月100時間以上の残業もある。	月100時間以上の残業が常態化。
賃金	年収は低いが、最低賃金は上回っている。	残業時間を含めると最低賃金より低い。
残業代	固定残業制度にしている。	払われていない。
年次有給休暇の扱い	今まで誰も申請したことがないので、無いと思われている。	申請すると圧力をかけられる。そもそも申請できる雰囲気ではない。
社内の人間関係	経営者がややワンマン気味。だが、その分同僚との結束は固く、仲が良い。	パワハラ・セクハラが横行。同僚とのプライベートの関わりは薄い。
特徴	経営者が法律を知らない。歴史が古い。もしくは急に成長したベンチャー企業。	経営者の確信犯的違法行為。完全な法律違反。

この表を見ていただくと「真性ブラック企業」は正真正銘の真っ黒であることがおわかりになると思います。前述したように、法的知識があるうえで違法な労働状態を続けているのですから、完全なる確信犯です。

項目別に見ていきましょう。

①労働時間

「真性ブラック企業」の大きな特徴として、「月100時間以上の残業が常態化している」という点が挙げられます。

この「月100時間以上」というのは、いわゆる「過労死ライン」といわれる基準です。IT企業やサービス業に多いのが特徴です。

「過労死ライン」とは、俗称です。平成13年12月に厚生労働省より出された通達『脳血管疾患及び虚血性心疾患等（負傷に起因するものを除く。）の認定基準について』（平成13年12月12日付け基発第1063号厚生労働省労働基準局長通達）によって、その根拠が記載されています。参考までに抜粋した文章をご紹介します。

(1)発症前1カ月間ないし6カ月間にわたって、1カ月当たりおおむね45時間を超える時間外労働が認められない場合は、業務と発症との関連性が弱いが、おおむね45時間を超えて時間外労働時間が長くなるほど、業務と発症との関連性が徐々に強まると評価できること

(2)発症前1カ月間におおむね100時間又は発症前2カ月間ないし6カ月間にわたって、1カ月当たりおおむね80時間を超える時間外労働が認められる場合は、業務と発症との関連性が強いと評価できることを踏まえて判断

すること。

ちなみに、過労死とは、労働が原因で脳疾患もしくは心臓疾患を発症し死に至ったことをいい、過労自殺とは、労働が原因で精神疾患を発症し、自殺に至ったことを言います。

高度成長期、働き過ぎることによって亡くなる人が現れ、欧米では「カロウシ」は日本の文化とまでいわれました。

その一つの指標が労働時間であり、前述の通達から過労死ラインは残業時間が月間100時間とも場合によっては80時間とも言われています。

労働者の働き過ぎによる健康障害を防ぐために、「労働安全衛生法」では、会社に、月間100時間以上の残業を行っている労働者に「面接指導」を義務付けています。「労働安全衛生法」とは、労働者の安全と衛生を守るための基準を定めた法律です。

そして、今は、過労死に加え、過労自殺が問題になっています。先に述べたワタミも、この過労自殺を巡っての渡邉氏の発言が大きな問題になりました。

【図表2】時間外労働の限度に関する基準

期間	限度時間
1週間	15時間（14時間）
4週間	43時間（40時間）
1ヵ月	45時間（42時間）
3か月	120時間（110時間）
1年間	360時間（320時間）

（　）内は1年単位の変形労働時間制の対象者の場合

この過労自殺も、やはり亡くなる直前に月100時間以上の残業があった場合、業務との因果関係が認められ労災と認められる可能性が高いです。

最近は、あいつぐ過労死や過労自殺の判決例をうけ、「労働安全衛生法」が改正され、月80時間程度の残業時間であっても、労災と認定されるケースが増えています。

会社が法定労働時間（1日8時間、週40時間）を超える残業を従業員にさせる場合、従業員の過半数代表等と書面による協定を結び、労働基準監督署に届け出なくてはいけません。この協定は労働基準法第36条で規定されていることから「サブロク協定」（正式名称を「時間外労働・休日労働に関する協定届」と言います）といいます。

残業時間については、労働基準法により限度時間というものが定められています。【図表2】もし会社が従業員にこの限度時間を超えて残業をさせたいと考える場合は、あらかじめ、その旨を明記した特別条項付きのサブロク協定を届け出る必要があります。

「仮面ブラック企業」の場合、月100時間以上の残業が常態化しているわけでありませんが、概ね60時間から80時間を推移している傾向があります。また、仮面ブラック企業は、業務量の繁閑が激しく、ある期間に仕事が集中する傾向があります。その結果、その忙しい時期に従業員の不満が高まるのです。比較的暇な期間もあるため、忙しくなったときの切り替えがうまくいかず、それが不満要素になります。一方、「真性ブラック企業」の従業員は、100時間超え残業が常態化しているため、従業員は常に疲れきっています。

②給料

平成26年度の最低賃金の全国平均額は780円、最も高額なのは東京都で888円です。それに続くのが神奈川県の887円、大阪府838円、愛知県800円という順番です。

最低賃金とは、使用者が従業員に最低限支払わなければならない賃金の下限額です。最低賃金法という法律によって定められており、都道府県や産業別に毎年10月に変更されます。会社は最低賃金額以上の賃金を労働者に支払う義務を課せられています。

「真性ブラック企業」の場合、残業代がまったく払われておらず、残業時間を含めた給料を時給で計算すると最低賃金を下回っている会社もあります。

一方「仮面ブラック企業」の場合、残業代は払われており、最低賃金は上回っているにもかかわらず、従業員が「こんなに働いているのに給料が安い。うちはブラック企業じゃないか」と考えるパターンが多くなっています。そうした会社の給与水準は、実際に全国平均賃金と比べてみてもそれほど低いわけではないのですが、従業員は給料が自分の労働に見合ってないと根拠なく思い込んでいます。

こうした「仮面ブラック企業」によくある制度として、固定残業制度が挙げられます。固定残業制度とは、みなし残業制度と呼ばれることもあります。一般的にはこちらの方が伝わりやすいでしょう。固定残業制度とは、一カ月当たりに支払う残業代を●時間分までは一律▲▲円で支払うというものです。この制度そのものは、特に違法ではありません。支払われる残業代の計算が正しく、雇用契約において定めた固定残業時間を超えた部分を別に支払っていれば、何の問題もありません。

この制度を導入する場合は就業規則（賃金規程）に制度の詳細を記載するのはもちろんのこと、雇用契約書に、「固定残業手当はいくらで、それは何時間に相当するか」を明記する必要があります。そして相当する残業時間を超過した場合、超過時間分の残業手当を支払えば問題はありません。

この固定残業制度（みなし残業制度）は、制度そのものに違法性はありません。にもかかわらず現在では「固定残業制度を導入している会社はブラックの可能性あり」などと本やインターネットでまことしやかに流布されています。

その原因は、固定残業制度の誤った運用にあります。

ここですこし昔の話をします。バブル景気が崩壊した後、多くの企業が採った策は、どんなに残業をしてもうちの会社は●時間しか残業をつけないというルールでした。つまり、一定の時間を超えたら、すべてサービス残業にしますよというルールです。景気の悪化を反映し、このルールを取り入れた会社はとても多かったのです。

会社は残業代欲しさで残業をしている従業員対策として、「一定の時間以上残っても、それは能力の低さゆえと判断をする、だから、さっさと仕事を終わらせて退勤すること」、そんなメッセージを込めてこのルールを運用しました。当時は、今ほど労働基準法の運用が厳しくなかったため、このような仕組みが問題になることはほとんどありませんでした。

そんな過去の流れをそのままくみ、いまだにそれで問題なしと勝手な思い込みを続け、一定の時間以上の残業代を支払っていないという会社があります。

本来固定残業制度は、従業員にとってメリットのある制度です。

なぜなら、「固定残業手当として40時間分の残業代5万円を支払う」という契約を結んだ場合、従業員は、20時間残業しても38時間残業しても、5万円は給与の一部として支給されます。極端な話をすれば、まったく残業をしなくても5万円は支給されるのです。つまり、業務の効率化を図り、早く退勤すればするほど、時間単価は高くなります。それと比較して、会社側のメリットはそれほどありません。40時間分の残業代という条件があるからと言って、40時間まで労働時間の管理をしなくてもよいというわけではありません。また、先ほど説明したとおり、40時間を超えて残業した場合、その分は上のせして支払う必要があります。一見、会社にメリットはあまりありません。

にもかかわらず、固定残業制度を導入しているのは、固定残業制を「何時間残業しても残業手当を払っていれば問題ないと勘違いしているか、求人票に「給与　25万円（40時間相当の固定残業手当含む）」と記載することができるからでしょう。こういう書き方をした場合、25万円という金額に求職者は引きつけられます。冷静になって読めば、あらかじめ40時間分の残業代がこの25万円に含まれていることに気づきます。内訳を計算すると、以下のようになります。「基本給：19万円、固定残業手当：6万円（40時間相当）」。いかがでしょうか？ 25万円と記載した方が、多くの人が応募してきそうではないでしょうか？

こんな錯覚も合わせて、固定残業制度は、なんとなく会社が従業員をだまそうとしているような印象を与えてしまっているのです。

会社が固定残業制度を導入する際、もう一点注意することがあります。

それは、40時間残業しても、まったく残業しなくても同じく5万円もらえるのであれば、多くの従業員は、残業をしない方を選択するということです。これは、やる気のある従業員にとっては、モチベーションの源となりますが、あまりやる気のない従業員にとっては、やった分の成果が見えないということから、むしろモチベーションがダウンすることがあります。やってもやらなくても同じなら、やらない方を選ぶという結果になりやすいのです。

固定残業制度を導入する際には、これらの問題をよく考慮した上で検討されることをお勧めします。

また、固定残業制度と並んでよく誤解されているのが、「課長以上には残業代はつかない」という考えです。1章でお話ししたとおり、その会社の課長という人たちが実態としてどのような働き方をしているかによります。システマチックに「課長以上＝残業代支払わなくて良い人たち」にはなりませんので、注意をしてください。

③年次有給休暇の取り扱い

年次有給休暇（以下「有休」と呼びます）はよく、労働者の権利と言われています。法律的には、「労働者が申請した場合、会社が与える」という制度です。申請されたら会社は有休を指定された日に与えなければいけませんが、その人が休むことによって会社が損失を被る場合などは日程を変えてもらう権利が会社にはあります（これを年次有給休暇の時季変更権といいます）。

「真性ブラック企業」においては、そもそも有休を申請できる雰囲気ではありません。たとえ申請したとしても「クビになってもいいのか」といった圧力をかけられることもあります。

「仮面ブラック企業」の場合、経営者が労働基準法に疎いため、有休を法令で定められている日数より少なく与えていたとか、パートタイマーには有休を与えないというケースがよくみられます。多くの場合は、有休を申請された前例がなく（従業員が遠慮をして言えていないことが多いです）、場合によっては、労使ともに「わが社に有休はない」と思い込んでいたというケースもあります。

有休については、「取るのが権利だ」と権利を濫用する従業員も多くいます。そのいい例が、入社して6カ月の新入社員が10日分の有給をすべて消化してやめていくケースです。これはこの後にお話しする、「ブラック社員」という存在とも関連してきます。

④社内の人間関係

「真性ブラック企業」には、従業員が、精神疾患を発症するほどほどのハラスメントが横行しています。そして、同僚とのプライベートな関わりが希薄なのが特徴です。これは過重労働のため、いわゆる飲み会なども含め、同僚との関係を深める時間がないためです。

逆に言えば、同僚との関わりが薄いために、誰にも相談できず病んでしまう、ひどいときには自ら命を絶つ道すら選んでしまうわけです。同僚との関わりがあれば、お互いに相談し、行政や専門家、また民間の機関等に相談することもできるでしょう。

「真性ブラック企業」と「仮面ブラック企業」は、ともにワンマン経営者が存在することが多いです。「真性ブラック企業」において、従業員は経営者に逆らう気力もなくしていますが、「仮面ブラック企業」では、このワンマン経営者が従業員の共通の敵となるため、互いに愚痴を言い合ったりして従業員間の結束が強くなる傾向があります。

「仮面ブラック企業」になりやすい会社は、歴史のある会社、もしくは急に成長したベンチャー企業が多いです。その理由は、いずれの会社も労務管理が追いついていないためです。

歴史の古い会社は、昔からのしがらみやしきたりをなかなか変えることができないために、労務管理が現在の法令に追いつきません。また、急成長した会社は急激に人が増えたために管理部門の人材が足りなかったり、専門知識を持つ担当者の採用が間に合っていなかったりして、まったく知識を持っていない人が畑違いの管理部門に回され、その結果、労務管理が法令に追いつけないのです。

5 ブラック企業にはブラック社員が

「ブラック社員」とは、法律を逆手に取り、労働者としての権利を過剰に請求してくる社員です。俗に言う「問題社員」と言われる人たちです。

こうした従業員は、離職率の高い介護業界、サービス業（飲食店等）、建設業に多く見られます。

特に介護業界は、事業所開設は都道府県への許可申請とその後の指定が必要なため、役所による定期的な監査が行われます。そのため、すべてとは言いませんが、概ねどの事業所も法令遵守には比較的神経をとがらせています。そして慢性的な人出不足状態にあります。また、介護職は３Ｋとも言われるハードな仕事ではありますが就業には資格が必要なので、辞めても働き口はすぐ見つかります。そのためブラック社員の温床となりやすいのです。

ブラック社員には、こんな人もいました。

有料老人ホームをスタートした会社の話です。老人ホームを開設しましたが、開業したばかりで内部の人間関係や組織的な仕組みがきちんと整備されていなかったこともあり、なかなか人が定着しませんでした。そんな中、スタート時から責任者として働いていた介護職の女性が辞めることになり、次の責任者を従業員の中から募らなければならなくなりました。そんなとき入社して2カ月目の50代の男性が、ぜひ自分にやらせてほしいと手を挙げました。貴重な男性の介護職員で、年齢も他の従業員より上ということもあり、彼がリーダーシップを発揮してくれれば……と社長は考えました。社長は翌月から彼を仮の責任者職に登用しました。なぜ仮がついたかといえば、彼には他の施設でも責任者として就業した経験がなかったためです。そこでまず、3カ月程度、試験的に責任者の業務を勉強してもらい、その上で適正があれば正式に責任者として任用することを彼と社長が話し合って取り決めました。

彼が仮の責任者になって2カ月ほどたつと、従業員から彼の仕事ぶりへの不満が社長のところに届くようになりました。責任者には、勤務シフトを組むという仕事がありますが、組み方がめちゃくちゃで、日常の業務がうまく回らず、それをフォローするために職員がサービス残業や休日出勤をしている状況に陥ってしまいました。他の職員がその事実を彼に直接伝えようとすると、話をよく聞こうともしないで、「仕事なんだから仕方ないだろ」と頭ごなしにいわれるということでした。

話を聞いた社長はすぐさま、数人の従業員と面談をし、聞き取り調査を行いました。どの従業員も彼の仕事ぶりや頻発するミスについて不満をもっており、なかには彼が本当に責任者になったら、仕事を辞めるつもりだったという人までいました。これでは責任者としては不適格という判断をせざるを得ません。

彼にその事実を告げると、「自分はきちんとやっている。周りの人の能力が低すぎる上に、協力体制ができていない。そもそも、責任者という重責にあるのに、手当も低くてやっていられない。ついては、今までの分として月に●万円×3カ月分、支払ってくれ」と言いだす始末でした。最初の3カ月はお試しでという取り決めは、彼の中ではすでに反故になっていたようでした。人手不足ということもあり、いったん、彼が要求する手当を支払うことを決めました。それを伝えた3日後、彼から退職届が提出されました。退職日はちょうど1カ月後です。彼は、この退職届を社長に渡しながら、こう言いました。「今月を含めて手当は4カ月分支払ってください。ちょうど○月○日で有休が10日発生しますよね。だから来月は有休消化のため来ません」

彼が退職届を出したのは、5カ月と半月、つまりあと半月で1年目の有休が発生します。退職日は1カ月後ですから、6カ月と半月で退職する、ついては、6カ月目は有休消化で会社に来ないということでした。社長は、彼の厚顔ぶりに驚き、開いた口がふさがりませんでしたが、気をとりなおして、満6カ月で辞めることを話し合いました。結局彼は頑として譲らず、有休を1日残らず消化して辞めていきました。

残念なことに、離職率の高い、介護業界、サービス業等には、このようなブラック社員が存在するのが現実です。これは、働き口がすぐ見つかるために渡り鳥的な従業員が多く、行く先々でさまざまな法律の知識を得ているということが背景にあります。

ブラック社員の大きな特徴は、法律に詳しいという点です。しかし、本当に詳しいわけではなく、都合のいいところだけを聞きかじった付け焼き刃的な知識であったり、自分が法律に通じている訳ではなく身内に法律に詳しい人がいたり、という場合もあります。

身内に法律に詳しい人がいるというケースでは、こんな例がありました。

製造業のA社は、経理職に1人の枠で求人を出しました。業務も拡大し、4月から新しい経理の担当者をもう1名雇いたかったのです。この会社では採用に比較的慎重で、中途採用でも、3次面接までおこなっていました。何名かの求職者から応募があり、B氏を内定候補者にすることとなりました。職務経歴書の内容からB氏には十分な経験があるようにうかがわれました。しかし、2次面接に立ち会った経理部長より「面接での受け答えから少々スキルに不安を感じる。わが社は製造業であるため、工業簿記の経験がないと厳しい。試しに簿記2級でも受けさせてみて、本当に職務経歴書通りの経験や知識があるか、確認してみてはどうか?」という提案がありました。そこで、最終面接では社長が直接彼に「当社では資格を重んじる文化があります。職務経歴書によると経理の経験は十分あると思いますが、念のため日本商工会議所(日商)の簿記検定2級を取ってください。取ることを前提に内定を出します。君の経験なら合格すると思います」と伝えました。後日、内定者のBさんは、社長が伝えた通り、日商簿記2級を受験しましたが、不合格でした。そして、会社にBさんから不合格の連絡が入りました。社内では、彼の内定をどうするかが検討されましたが、結果的に彼の内定を取消すことにしました。そこで、会社は、「最初の条件と違います。不合格であれば、内定は取り消します」と内定取り消し通知書を送りました。すると、すぐに内容証明郵便が届きました。「内定通知書には『日商簿記2級に不合格することによって内定を取り消す』という要件は明記されていない。ついては、内定取り消しは不当である」という内容でした。後でわかったことですが、Bさんの父親はある企業の労働組合の専従役員であったため、労働諸法令に大変詳しかったのです。結局、A社は、数十万円をBさんに支払い、内定取り消しに合意してもらいました。日商簿記で何とも高い授業料を支払ったことになります。

また、ブラック社員はセクハラを訴えることもあります。

ある例では、社内不倫の果ての別れ話がこじれた結果、女性社員が交際していた男性社員にセクハラを受けたと都道府県労働局に訴え出たケースがあります。

こうしたブラック社員につけ込まれる原因は、いったい何でしょうか?

多くの場合トラブルの元は、「社内のルールが明確になっていないこと」であり、経営者が労務管理に疎いことです。社内のルールとは、すなわち就業規則や内規類を言います。

就業規則について勘違いしている経営者が多いのですが、就業規則や内規は会社を縛るためのものではなく、権利を濫用する従業員から、会社を守るためのものです。

先のセクハラやパワハラに関しても、現在は就業規則の服務規律に定義と罰則の条項を設ける必要があります。定義をきちんと明記し周知をしていれば、むやみやたらにハラスメントを訴えられることは少なくなります。

これは5章で詳述しますが、就業規則は会社の憲法であり、会社が従業員に対してこういうことはきちんと守ってほしいということを明確に伝えることのできるものです。就業規則において、あいまいな規定しかなかったゆえに、ブラック社員に規則の隙間を狙われるということもあります。よって、まずは就業規則がなければきちんと作ること、そして、すでにあるのであれば従業員への周知を徹底することがブラック社員対策に非常に有効です。

また、ブラック社員から会社を守るもう一つの方法は、採用からきちんと見直すことです。根本的なことですが、これがとても重要です。

ここで読者の方に質問です。気軽なクイズだと思って考えてみてください。

「大変残念な、問題のある人を新卒で雇ったとしましょう。その人が40年間、会社に在籍した場合、会社にはどれほどの損失があるでしょうか?」

ヒント:賃金だけで考えていただいて結構です。

答えは、271ページに。

ブラック社員による問題が起きて、相談に見える経営者に、「なぜそんな人を雇ったんですか」と質問をすると、どの経営者も異口同音に「面接で、そんなところまではわかるわけがない」と答えます。そして、「人が足りなかったんだからしかたない」

「うちに来てくれるだけでありがたかった」といったようなことも言います。

しかし、どれだけの損失を被るか考えてみてください。目先の経営にとらわれず、採用にもっと時間をかけ、よい人を選んだほうが、結果的には会社の利益になるとは考えられないでしょうか。採用においては決して妥協をしてはいけないのです。

ここで採用についても書きたいところですが、残念ながら本書は採用のノウハウ本ではありません。興味のある方は、ぜひ出版社に次回作のリクエストをお伝えくださ い（著者より〈笑〉）。

採用以外で社員の問題行動を防ぐ手だては、何よりも従業員との間に信頼関係を築くことです。

長く築いてきた信頼関係が一瞬にして木端微塵になった私が知る例をお話ししましょう。

それまで何事もなく長年（10年）勤めていた従業員が初めて有休を取ろうとしました。上司にそれを告げると、「うちには有休はない」といわれました。彼が、有休を取ろうとしたことには理由がありました。故郷の母親が最近体調不良を訴え、一度見舞いがてら様子をうかがいに帰省をしたかったのです。母の体調いかんによっては、近くに呼び、場合によっては同居をしようとも考えていました。自分の説明が足りなかったことを反省した彼は、再度上司に事情を説明しました。

正直なところ、事情が事情なので、今回のみならず、状況によっては、今後も有休を取り、家族の幸せのために行動をしたいことを丁寧に伝えました。その翌日、彼は社長室に呼ばれました。そこで、社長から「会社にたいした貢献もしてないくせに、有休を取るなんて、社会人として失格だ。実家に帰りたいなら、土日でも使って帰ればいいだろう。欠勤だっていいんだぞ」と2時間も説教をされたのです。

「会社にたいした貢献もしてないくせに」という言葉を聞いた瞬間、彼の心の中で何かがはじけたそうです。有休を取れなかったことに対する憤りではなく、自分の10年間の会社に対する貢献を一刀両断に否定されたことに対する、怒りがふつふつと湧いてきたのです。

結果的に、彼はユニオンに加入し、2年分の残業代と有休分の賃金、退職金として希望する金額を提示し、3度の団体交渉の後、ほとんど彼の希望通りの額で、解決そして退職をしたそうです。

このように、不用意なたった一言で、信頼関係はいとも簡単に崩れ、経営者が思ってもみない大事になるケースがあるということを覚えておきましょう。

コラム

コミュニケーションに役立つ⁉ ソーシャルスタイル理論

人間にはさまざまなタイプがいますが、自分がどんな人間なのか、相手がどういう人間なのか、そして自分と合うのはどういう人なのかを知るのは、信頼関係を築き、後々の問題を引き起こさないためにも大切なことです。

それを知るための一つの手段として、「ソーシャルスタイル理論」というものがあります。

これは、1960年代にアメリカの心理学者、デビット・メリルとロジャー・リードが提唱した理論です。アメリカでは、車や化粧品など飛び込み営業マンの業績アップツールとして使われてきました。

日本に導入されてからは、多くの企業研修に取り入れられるようになりました。その理由は、各人が「人はそれぞれ違う」ということに気づくきっかけになるためです。よく「相手の気持ちになってものを考える」と言いますが、

ソーシャルスタイル理論

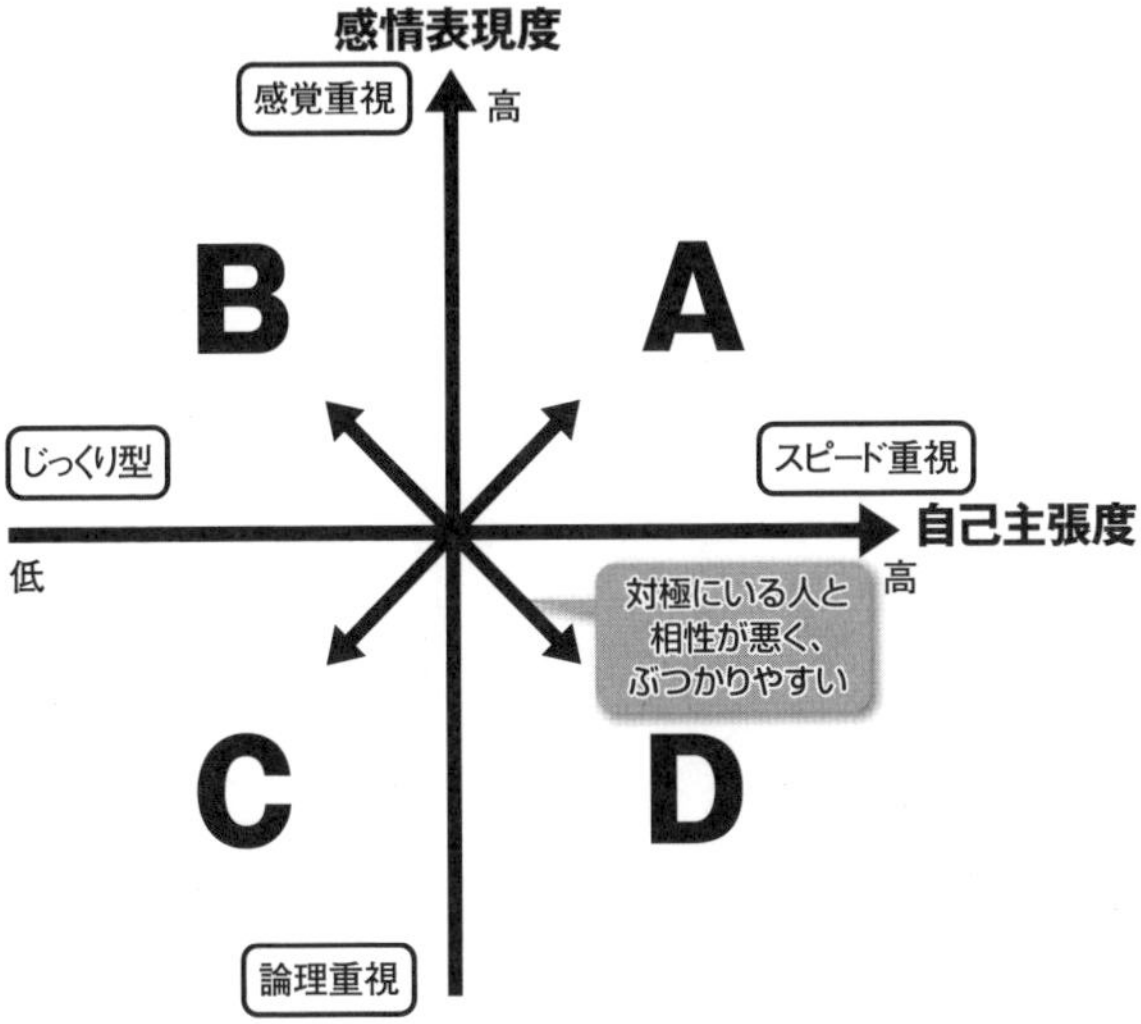

本当のところでは、真に相手の心の中や感情を知ることはできません。育った環境や、産まれ持ったDNAがそれぞれ違うため、自分が大切にしている価値観が違うためです。

自分自身の考え方の特徴や、同僚や上司、部下の価値観の違いを知ることにより、日ごろ「意味もなくあの人にはイライラさせられる」「あの人とは合わない」理由がわかり、客観的に対応することができるようになります。そのため、教育研修に取り入れられることが多いのです。「ソーシャルスタイル理論」は、人間の行動から、四つのタイプに分けてその傾向を把握するというものです。

四つのタイプとは、エクスプレッシブ、エミアブル、アナリティカル、ドライビングタイプであり、自己主張度の高低、感情表現度の高低が診断のポイントになります。タイプ名が若干長くカタカナですので、読者の皆さんは少々混乱するかもしれません。そこで、ここからは、エクスプレッシブタイプをAタイプ、エミアブルタイプをBタイプ、アナリティカルCタイプ、ドライビングタイプをDタイプと呼びます。

それでは、それぞれのタイプの特徴と歴史上の人物の例を挙げます。歴史上の人物については、今はいない人ですし、その人物像については、様々な解釈も取られていますので、筆者の独断と偏見によって記載させていただくことをお許しください。

自己主張度も感情表現度も高いAタイプは流行に敏感で、特に営業職に多いタイプです。新選組の沖田総司、幕末のヒーロー坂本龍馬等がこのタイプです。

自己主張度は低いですが感情表現度の高いBタイプは物事をじっくり考え、優しく親しみやすい印象をもたれる傾向があります。人によって依存的な傾向が前面に出ることもあります。営業事務などのアシスタント業務に従事する人などに多く見受けられます。歴史上の人物ではイメージが湧きにくいですが、強いて言えば、新選組の山南敬三、大河ドラマ「龍馬伝」に登場した岡田以蔵がこのタイプに該当します。

自己主張度も感情表現度も低いCタイプは、寡黙でコツコツ作業を行う人で、工場など製造業のラインに多いタイプです。筆者が研修を行ったある工場では、製造ラインの従業員30人のうち28人がCタイプでした。新選組の斎藤一、NHK大河ドラマ「龍馬伝」の中で描かれていた武市半平太がこのCタイプになるのではないでしょうか。

自己主張度が高く感情表現度が低いDタイプは、淡々と事実を指摘するため、怖い印象をもたれることもあります。このタイプは仕事ができる上司や一代で会社を大きくした経営者などに多く、いわゆるカリスマタイプです。一匹狼を地で行っているようなタイプです。新選組でいうと土方歳三です。

この4タイプは、どのタイプが優れていてどのタイプが劣っているということではありません。単なる人間の特徴・価値観の現れ一つと考えていただければ結構です。よって、企業には、この四つのタイプの人材がバランスよく配置されていることが重要であるとされています。また、それぞれのタイプといっても、人によっては、AタイプであってもBタイプよりであったり、Dタイプよりであったりします。また、実際に診断をしてみると、マトリクスのちょうど真ん中に位置し、辛うじてあるタイプと判断される人もいます。よって、一概に◎◎タイプだから絶対にこういう価値観を持っているという決めつけをする必要はまったくありません（決めつけはトラブルのもとです）。コミュニケーションの参考にするという程度で考えてください。

それぞれのタイプにおいてわかりやすい特性が2種類あります。すなわち、スピード感と感覚重視派か論理思考派かという点です。スピード重視のタイプは、AタイプとDタイプです（図表の右側）。それに比較してスピードに対する認識があまりなく、じっくり考えることを重視するタイプが、BタイプとCタイプです（図表の左側）。

感覚を重視するタイプは、図表の上側のAタイプとBタイプです（図表の上）。それに対し、論理を重んじるのは、CタイプとDタイプです（図表の下）。

AタイプとＤタイプの考え方は「Time is money!」です。スピードを重視するあまり、作業が若干雑になる場合もあります。また、総じてパワフルなタイプでもあり、それが裏目にでると攻撃的な人と周りから思われることもあります。

対してBタイプとCタイプはじっくり型のため、スピードは遅いものの丁寧に作業を行います。営業のクロージングの際に、「今ですよ、今！」などと決断をせかせられたりされると本当に嫌な気持ちになります。

さらに感情表現度が高いAタイプとBタイプは感覚を重視し、センスや直観で物事を判断します。コンビニエンスストアで「限定販売」の文字をみると、つい手に取ってしまうタイプです。対するCタイプとDタイプは論理を重視するため、データや実績などから物事を判断します。営業の際に、「すごいですよ」「とってもいいですよ」などという根拠のない勧められ方をしても、YESとはいいません。これが自分にどんなメリットデメリットがあり、他の類似の商品との比較をした上で、さらに良いと認めなければ買う気にならないタイプです。

これらの価値観の違いから、お互いを理解できないことが多いようです。

それぞれスピードを重視するAタイプとDタイプからすると、BタイプとCタイプは「なんであんなに遅いんだろう」と思いがちですが、反対にBタイプとCタイプはAタイプとDタイプを「なんであんなにせかせかしてるんだろう。もっと丁寧にやればいいのに」と思っています。

また、C・Dタイプからすれば A・Bタイプの人は「論理が通っていない、ふわふわ、感覚だけで生きている人たち」となり、A・Bタイプからすれば C・Dタイプは「データの話ばかりでつまらない人たち」となります。

つまり、この4タイプは、お互いの価値観が理解できないため、それぞれ図表の対極の位置にあるタイプ折り合いが悪くなりがちです。つまりAタイプとCタイプ、BタイプとDタイプが相いれないというわけです。

これが時に労使紛争に発展します。

たとえばDタイプの上司（以下「D上司」と呼びます）が、営業成績の悪いBタイプの部下（以下「B部下」と呼びます）を面談するとします。D上司はまず「最近営業成績が振るわないけど、なんで？」と直球で原因を訊きますが、回答をじっくり考えるB部下はすぐには答えられません。そもそも日ごろからD上司に威圧感を感じています。そこで、必死に、この理論的に根拠を明確にしないと淡々と怒りを顕わにする上司に、納得してもらえそうな理由を必死に考えます。大抵ここで、少し沈黙があります。すると、

D上司は『答えられないということは困っているんだな』と考え、助け船を出そうとさらに質問を投げかけます。新しい質問を投げかけられたことで、B部下は考えが中断され、さらに新しい質問に対する〝上司の納得してくれそうな答え〟を考え始めます。そして、また、沈黙が続きます。

ひとしきり、一方的なD上司のよる質問攻撃が続き、明らかにD上司がイライラしてきます。B部下は、ますます困って、うつむき何も答えられない状態が続くというわけです。

端から見るとD上司は感情表現度が低いため顔に表情がなく、本人にはまったくそのつもりがないにもかかわらず、威圧的に見えてしまうこともあります。時間が経つとD上司もイライラしてくるため、ますます攻撃的に見えてきます。

それが、この面談だけではなく、日常においても、時間が経つにつれて、『B部下は使えないやつ』というレッテルをD上司自身の頭の中で貼ってしまい、いつしかハラスメントの対象にしてしまいます。

中小企業のたたき上げの経営者には、このDタイプが多いです。頭が切れ、弁も立つ、仕事はでき、能力が高いと周りから一目置かれます。しかし、攻撃的で、上から目線で話をしがちというタイプです。

中小企業においては、経営者の言動が、即人間関係の破たんを招き、労使紛争につながることも少なくありません。従業員にBタイプやCタイプがいると、その仕事の遅さにがまんができず、経営者が全員の前で、その従業員を「無能呼ばわり」するという結果になることもあります。

実は、このアンバランスな状態は、相手の価値観が自分とは違うということを知るだけでも、だいぶ改善されます。実際に、筆者がソーシャルスタイル理論を教育研修に導入した会社では、管理職の雰囲気が大変柔らかくなりました。研修を受けた受講生からは「なぜ自分が特定の部下にイライラするのか理由がわかった」「また、周りからどう見られているのか、あらためて自覚できた」「部下に対する接し方が具体的にわかったので、今後改善できそう」という感想を多数いただいています。経営者でも、この理論を理解しただけで、自分の言動を意識するようになったという人もいます。

世の中にはさまざまなタイプ分け理論が存在していますが、ソーシャルスタイル理論は誕生日や血液型といった個人情報を相手から聞かなくても「見た目」（相手の行動パターン）で判断できるところが、簡単に使いやすい点です。ちょっとしたコミュニケーションツールの一つとして、あなたの会社でも採用試験や定期面談の際に取り入れてみてはいかがでしょうか。

第3章

そもそもブラック企業って何?

1 「ブラック企業」の定義はない

ここまで「ブラック企業」と呼ばれる会社が陥りやすい状態についてお話ししてきました。そもそも「ブラック企業」とはどんな会社のことをいうのでしょうか。

現在の概念では、「超過残業や休日なしなど労働基準法を逸脱した働き方や、人としての生活を無視するような使い捨てに近い働き方をさせる」、また「残業代未払いなど労働に見合った賃金を払わない」といった企業のことを「ブラック企業」と呼んでいますが、法律上の明確な定義はありません。

ブラック企業アナリストの新田龍氏によると、「一般にブラックとされる企業の中には、内情は優良企業と呼べる状態にあるにもかかわらず、その会社に業界全体や一部の企業によるダーティーなイメージが投影されてしまっているところも少なくない」と言っています。

ブラック企業に法律上の明確な定義はありませんが、私はブラックと言われる企業には共通の特徴があると考えています。

個々に関しては次章で詳述しますが、ブラックと言われる企業の共通した特徴は下記のとおりです。

①給与が安い
②残業が多い
③仕事が大変
④職場の人間関係が悪い
⑤離職率が高い

一般に離職率の高い業界の企業ほど、ブラック企業と考えられやすい傾向があります。

前章でも触れたワタミフードサービスやすき家を展開するゼンショーグループなどは、まるでブラック企業の代表格のように思われていますが、賃金に関していえば他社に比べて著しく低いわけではなく、ブラック企業と言うほどではありません。

【図表3】高卒・大卒新卒後3年以内の離職率（産業分類別一覧表）

厚生労働省資料より

産業分類	大卒者離職率	高卒者離職率
鉱業、鉱石業、砂利採取業	13.6	27.55
建設業	27.6	46.84
製造業	17.6	27.15
電気・ガス熱供給・水道業	8.8	6.45
情報通信業	22.6	39.69
運輸業、郵便業	23.1	31.94
卸売業	27.9	41.20
小売業	37.7	50.04
金融・保険業	19.6	20.90
不動産業、物品賃貸業	39.6	47.11
学術研究、専門・サービス業	32.5	40.17
宿泊業、飲食サービス業	51.0	66.61
生活関連サービス業、娯楽業	45.4	62.12
教育、学習サービス業	48.9	60.09
医療、福祉	37.7	45.32
複合サービス事業	18.5	21.51
サービス業（他に分類されないもの）	36.5	42.95
その他	68.4	71.04

※調査対象は平成22年3月1日から平成22年6月30日までに新規学卒とし雇用保険に加入した者
※調査期間は平成22年4月1日から平成25年3月31日まで
厚生労働省資料より

　しかし、前章でも述べましたが、【図表3】「高卒・大卒新卒後3年以内の離職率（産業分類別一覧表）」を見ていただければわかるように、飲食業やサービス業、介護などの福祉業は、他の業界に比べて比較的離職率が高く、勤続年数が短くなりがちなので、その会社で働く全従業員の平均賃金は低くなります。これも、ブラック企業と言われる要因となっています。

2 「ブラック企業」はいつから存在するのか？

2014年、群馬県の富岡製糸場がユネスコの世界文化遺産に登録されましたが、この富岡製糸場は元祖ブラック企業ではないか、とも言われています。

富岡製糸場は1872（明治5）年に明治政府が設立した官営模範工場です。従業員には当時の士族の子女が多く、設立当初は労働時間が1日約8時間、週休1日のほか夏冬に各10日間の休暇があり、食費や寮費などは製糸場が負担という、当時では他に見られないほど恵まれた労働環境だったようです。その後、1893（明治26）年に財閥の三井家に払い下げられ、民営となってからは、繁忙期の労働時間が1日12時間になるなど、劣悪化していきました。

時代は少し進み、昭和時代に入る直前の1925（大正14）年に『女工哀史』（細井和喜蔵　改造社）が刊行されました。この本は、当時の紡績工場で働く女工のルポルタージュです。募集の際の詐欺的内容や封建的な雇用状態、劣悪な労働環境で心身を病んでいく様子が克明に描かれています。また、数年前に若者の間でブームとなったプロレタリア文学の名作『蟹工船』（小林多喜二　1953年　新潮社）も、ブラック企業的な労働内容を描いています。

これらの文学作品からも垣間見られるように、近代日本の開闢《かいびゃく》当初から、いわゆる「ブラック企業」と言われる状態の企業は存在していました。

もっと言えば、日本が世界に羽ばたいた高度経済成長期は、ほとんどの会社がブラック企業の状態だったとも言えます。

余談ですが、私の父は、建設業で働いていました。時代は折しも建設ラッシュの高度経済成長期、サービス残業は当たり前、所定休日は月2回の日曜日のみでした。その所定休日がなくなることもしばしばあり、休んでいる姿を見たことはほとんどありません。いわゆる典型的な「企業戦士」でした。しかし、それをおかしいとも、働き過ぎて疲れたとも、休みがほしいとも言いませんでした。周りが皆、そんな働き方をしていたからです。

もちろん、現代のような法律が、高度成長期になかったわけではありません。年次有給休暇も法定労働時間や法定休日のルールも労働基準法ができた昭和22年から存在していました。もちろん、当時もサービス残業は違法でした。しかし、働けば働くほど給料は上がり、生活はどんどん向上したという時代でもありました。働くお父さんは一家の大黒柱としての面目を保つことができたのです。

この時代の「古き良き時代」の遺産がブラック企業と呼ばれる会社の文化を作っているとも言えます。過去、サービス残業をいとわず、イケイケ・ドンドンで働きづめだった企業戦士たち。その人たちが、上司になり、経営者になりました。人は自分の価値感の中で生きています。その価値感を作るのは、過去の経験です。不眠不休で働くことをいとわなかった人たちは、「俺の時代はこんなの当たり前だった」「今の若い者は根性がない」「若いうちは苦労しないといけないのに、権利を主張するとは何事か」と心の底から思いそれを口にします。

「国が勝手に法律を変えて、会社を経営している方はやってられない」と声高に異を唱える経営者もいます。

先の戦争で日本は、ほとんどすべての富と多くの人命を失いました。その後、奇跡といわれる復興を果たし、世界を驚かせました。反面、復興途上の高度成長期には、日本という国そのものが未成熟で国際的な商習慣や知的財産についても、意識が低く、欧米から一段低い国家と思われていたのも事実です。

現在の日本は、経済的にも成熟し、かつては小さな町工場だったような会社もグローバル企業として世界中に進出しています。ルールを守り、適切な企業経営をしていくことは、国際社会で生きていく私たち全体に求められていることであると、私も含めた日本人全体が認識しているのではないでしょうか。

最近、よくニュースで中国企業が他国の知的財産権をないがしろにしている報道を見ます。ちょっと不思議な「ドラえもん」もどきや「キティちゃん」の亜種を見ると、私たちは彼らのモラルの低さを揶揄しインターネットの掲示板などに投稿したり、そこまでしなくても、心のどこかで少し見下したりしているのではないでしょうか?

ルールを守らず、企業運営をしていくことは、不思議な形のドラえもんやキティちゃんを作って、「まねではない」と言い張ることと同じレベルとは言えないでしょうか？

今は時代が違うということを、企業経営をする側はしっかりと肝に銘じる必要があると言えるでしょう。

3 「ブラック企業」という言葉はなぜうまれたのか？

ブラック企業という言葉が生まれたのは2005年頃といわれています。特に、認知度を高めたのは、インターネット掲示板への書き込みを本にまとめた『ブラック会社に勤めてるんだが、もう俺は限界かもしれない』（黒井勇人　2008年　新潮社）です。よって、この言葉が広く使われるようになってから、まだ10年もたっていません。

ブラック企業が生まれた多くの背景には、かつての企業戦士が自分の時代の労働環境を現代にあてはめて、それを従業員に強要しているという面もありました。

しかし、かつては終身雇用と年功序列という社会システムがあり、仕事に真面目に取り組んでいれば給料は上がり、退職金ももらえました。また、その社会システムのおかげで日本は戦後わずか30年足らずで、世界の経済大国に駆け上がりました。労働者の意識に日本の復興を支えているのは、自分たちだという誇りがありました。

しかし今、日本人は長い不況と急成長した周辺国の台頭によりかつての誇りを失いつつあります。給料も上がらず、明るい将来など夢見てはいけないといった風潮にすらなっています。

高度経済成長期にはほとんどの企業が、現在でいうブラック企業と言われるような状態でした。しかし、当時は労働者も不満を抱くことも少なく、また労働者の権利についての知識も行き渡ってはいませんでした。もちろん、インターネットもありません。よって、法律などの知識を持っているのは、一部の専門家のみでした。

しかし、今は、誰もが情報を取りに行くことができます。自宅にパソコンがなくても、ネットカフェに行けば、何百円かで手軽にインターネットを利用することができますし、携帯電話やスマートフォンでもインターネットにアクセスすることができます。「ブラック企業」という言葉が認知度を増すことにより、ブラック企業を取り締まる労働基準監督署の存在も一般に知られるようになりましたし、労働者の権利についてもすぐに調べられるようになっています。

その結果、従業員は、自分たちの損得に関わる法令に敏感になり、何かあればすぐにブラック企業だとうわさするになっているのです。ある意味、高度成長期とは全く異なる労働者意識が芽生え一般化しています。よくこのことを労働者の権利意識が高くなっているとも言いますが、実はその背景には、長いデフレに培われた国民文化やゆとり教育による国民感情の変化がかかわっているのです。

4 ブラックじゃない企業はホワイト？グレー？

ブラック企業についてばかり述べてきましたが、ブラックと言えばホワイトがすぐに連想されます。ホワイト企業というものは存在するのでしょうか？　ブラック企業がブームになったため、当然ホワイト企業について書かれた本も出版されています。経済産業省が監修した「ホワイト企業 女性が本当に安心して働ける会社」（2013年 文藝春秋刊）です。その本によると、経済産業省の考えるホワイト企業とは、「男女にかかわらず、一人一人の社員を大切にしてくれる会社」とのことです。この本は、就職活動をしている女子大生向けに書かれた本であり、女性の活用を積極的に行っている会社に焦点が当てられています。『ホワイト企業はこんな会社です！』と書かれた帯には

残業：原則禁止。夜8時にオフィス消灯
恋愛：激務が原因で破局しない
結婚：家族一緒に暮らせるよう勤務地を配慮
出産：遠慮なく産めて査定も下がらない
育児：在宅勤務ＯＫなので両立できる
仕事：女性パワーによるヒット商品がある

男性：イクメン社員になるように奨励

と書かれています。みなさん、これを見てどう思われましたか？（経済産業省もだいぶ柔らかくなったようです。）

さて、こんな会社の事例があります。この会社はホワイト企業でしょうか？

長年赤字経営が続いているものの、従業員の給与は微増、ちゃんとボーナスも払っています。もちろん、労働法もきちんと守っています。残業は1分単位で計算をしていますし、運動会と称して従業員全員が参加するイベントにも当然給料は出ます。女性従業員は、大体全社員の3分の1程度。産前産後休業も育児休業も、本人が希望をすれば、取ることができます。マタニティハラスメントなんて、まったくありません。残業時間も少なく、夕方6時の定時には、半数以上が退勤します。この経営者は、「従業員は宝」と内外に豪語しています。

強いて問題点を挙げるとすれば、取引先への支払いが滞っている点です。遅かれ早かれ倒産は免れない経営状態、銀行からはこれ以上の融資が必要であれば従業員を半分以上リストラせよ、と言われるほど。しかし社長は、一応希望退職者は募ったものの、一人のリストラもせず、ボーナスも、会社が保有する不動産を売り払ったお金で支払いました。

その会社は今も同じ従業員数で、自転車操業の経営を続けています。いつ倒れるか、倒れるかと周りから心配されていますが、首の皮一枚でつながっている状態でかろうじて生きながらえています。

ここで、皆さんに考えていただきたいのです。この社長さんはいい経営者なのでしょうか？　そして、この会社はホワイト企業でしょうか？

経済産業省の定義にのっとって判断を下せば、この会社はホワイト企業ということになるでしょう。「男女にかかわらず、一人一人の社員を大切にしてくれる会社」ですから。

実際に、従業員を大事にしており、赤字なのにボーナスまで支給する……従業員から見ればホワイト企業と言えなくもありません。しかし、会社の経営状態から考えて、将来にわたって従業員の生活は安泰とはいえなく、先の見通しは立てられません。その上、従業員以外の利害関係者（ステークホルダー）から見れば、遅配や支払いの踏み倒しをするなどまったくひどい会社なのです。

従業員を使い捨てにするブラック企業経営者も、打開策を見いだそうとせずに自転車操業を続けるこの会社の経営者も、共通しているのは会社のビジョンや従業員の人生設計を考えようとせず目先の事象にとらわれているということです。前者は従業員をないがしろにして目先のお金だけを見ており、後者は今現在の従業員の雇用を守りたいがあまり、銀行や取引先など、周りへの支払いや経営そのものをないがしろにし、ひいては従業員の生活（＝未来）をないがしろにしています。対象は異なれど、自分のやりたいことをやっている、自己の欲求を満たしているだけの経営者であることに変わりはありません。

この会社の社長のように、一見、従業員を大事にしているように見えて、実は従業員の生活のことは考えていない社長が経営する会社は、「仮面ホワイト企業」と言っても良いかもしれません。

2010年にJALは会社更生法の適用を受けました。その際、内閣から再建を依頼され無給で会長職に就いた稲盛和夫氏は、再建に向け大鉈を振るいました。当時、1万6千人の従業員を整理解雇したうえ、立て直しに向けて、残った従業員の給料を3割削減しました。この整理解雇について、のちに稲盛氏ご自身がこんな風に語っています（『ガイヤの夜明け』〈制作著作＝テレビ東京〉より）

「私は京セラ、第二電電、今のＫＤＤＩ、いろいろな会社に関与してまいりましたけれど、ただの1回も整理解雇したことがないんですね。ですから、1万6千名からの方に辞めてもらうということは本当に胸が詰まるような思いがいたしました。しかし、3万2千人の方々が残られるわけですから、その雇用を守ってあげるということの方が大事だと思いまして、ですから私は心を鬼にして誠にすまんがというんで、その1万6千人の方々の後ろ姿に誰もいないときに手を合わせてごめんなさいねと……」

これこそ従業員を大事に思う経営者の在り方ではないでしょうか。

極論を言えば、法人というのは黒字至上主義ですから、赤字になってまで経営を続ける意味はありません。「いい経営者」というのは、

・法人税をきちんと支払っている
・従業員を大事にしている

この2点がそろって初めて言えることだと私は思います。
そして、私の理想と考える企業の条件は

・法律を守っていること
・経済的に将来の見通しが立っていること
・従業員自身の人間的な成長に寄与していること

この3点です。

5 「非ブラック企業」のお墨付きは厚生労働省からもらえるかも

「うちの会社は『ホワイト企業』までは言えないかもしれないけど、経営の三要素であるヒト・モノ・カネと真摯向き合う努力をし、ブラック企業などでは断じてない。それを内外に公表できないだろうか？」こんな風に考える会社もあるでしょう。そんな会社にお勧めしたいのが、厚生労働省が行っている「若者応援企業宣言」事業という認定制度です。この認定制度は、若者の採用・育成に積極的な中小企業に対して以下の認定基準の元にお墨付きを出しています。

認定基準は以下の七つです。

①学卒求人などの若者対象の正社員求人をハローワークに提出すること
②「若者応援企業宣言」の事業目的に賛同していること
③次の就職関連情報を開示していること

・社内教育、キャリアアップ制度など
・過去3年間の新卒者採用実績及び定着状況
・過去3年間の新卒者以外（35歳未満）の非正規雇用労働者の採用実績及び定着状況
・前年度の有給休暇及び育児休業取得の実績
・前年度の残業時間（月平均）の実績
④労働関係法令違反を行っていないこと
⑤事業主都合による解雇または退職勧奨を行っていないこと
⑥新卒者の採用内定取り消しを行っていないこと
⑦助成金の不支給措置を受けていないこと

若干厳しい要件かもしれませんが、この認定申請を出そうとすることで、今まで整っていなかった各種制度を作成したり、見直したりする良い機会にもなります。また、この認定を受けることができるということは、特に④の「労働関係法令違反を行っていないこと」をクリアすることにより、厚生労働省から「あなたの会社はブラック企業ではありませんよ」というお墨付きをもらえるということにもつながります。

この認定を受けるメリットは、ハローワークが積極的に認定企業をPRしてくれたり、就職面接会などへも積極的に案内されるために、よりよい人材を得る可能性が高くなるという点です。

認定を使えるのは申請した年度内のみで、年度が改まればまた申請をしなければなりませんが、新卒採用を積極的に行っていきたい会社は、申請を考えてみてもいいでしょう。

第**4**章

あなたの会社はブラック?

1 ブラック企業といわれる会社の特徴は？

3章でブラック企業の明確な定義はないというお話をしました。とはいえ、ブラック企業と呼ばれる会社には、共通するいくつかの特徴があります。

①給与が安い
②労働時間が長い
③仕事が大変
④職場の人間関係が悪い
⑤離職率が高い

2章でご説明した「仮面ブラック企業」か「真性ブラック企業」かで、詳細は変わってくるのですが、真性ブラック企業はそもそも刑事事件に発展する可能性すらある真っ黒な企業です。わかり易いというので、むしろ議論になりにくいとも言えます。よって、ここでは仮面ブラック企業に焦点を当てて、五つの特徴について解説します。

章の冒頭で挙げた五つの特徴について、具体的に何が問題点となりやすいかを解説します。ご自分の会社と照らし合わせながら、読み進めてください。

①給与が安い

自分が働いている会社はブラック企業と言ってはばからない従業員に「給料は高額で問題ないんだけどね」という人は、ほとんどいません。ブラックと呼ばれる会社の要因はいくつかあり、おおむね二つ以上の問題が起因していることが多いですが、そのほとんどにこの給与が安いという問題が入っています。

「給与が安い」と不平を言っている従業員の話をよく聞いてみると、「安い」という評価が本人の感覚によるものか、何かの基準があって、その基準と自分の給料を比較して低いと言っているものかの二つのタイプに分かれることが多いようです。また、何かの基準と比較して「給料が安い」と言っている場合も、その基準が知人の勤めている業界のトップ企業だったり、他の業種や他の地域の企業であったりすることもあります。どちらのタイプにせよ多くは、多分に主観が入った相対評価によるものであることが多いのです。

「ブラック企業」の烙印を押されてしまうポイントとして、最低賃金と比較してどうかという点、もう一点、近隣の同業他社の給与との差が指摘されることが多いです。新聞に折り込まれている求人広告や、ハローワークの求人票等をご覧いただき、ご自分の会社の給与が同業他社や地域ごとに定められた最低賃金とどの程度の差があるかを確認なさってみるとよいでしょう。

②労働時間が長い

労働時間が問題になるのは、特に残業時間です。残業とは、法定労働時間（1週40時間）を超えた労働のことです。正しくは時間外労働と言います。長時間労働は健康障害を起こす可能性があるとされており、月間60時間以上の労働については、一定の制限がかかっています。過労死ラインと言われているのは、月あたりの時間外労働が

80時間や100時間です。当然、これが何カ月続いていたかも問題になります。

平均すれば月あたりの残業時間が60時間程度でも100時間に近い残業がしばしば発生していれば、それは、ブラック企業と呼ばれる一つの要因となります。しかしながら、この「残業が多い」と言っている従業員の不平・不満は、「12月から3月までは忙しくて…」という限定条件がついていたりします。労働時間が長いかどうかについては、年間通した時間数を把握するとともに、何と比較して「多い」と言われているかを把握する必要があります。

③仕事が大変

ここでいう大変というのは、たとえば、小さなミスが会社の経営に大きな影響を及ぼす海外とのやり取りなど、内容が複雑かつ高度で強い緊張を強いられる仕事のほかに、飲食店のピークタイムなど、どんなに注意しても一定の割合で必ずミスが発生するような労働のことです。これも、従業員の能力や主観が関係します。高度なスキルをもった従業員やすばらしい集中力を発揮する従業員にとっては、その仕事はそれほど大変とは感じないこともあります。②が労働の量の問題だとすれば、こちらは質の問題です。

④職場の人間関係が悪い

ここでいう人間関係とは、上下・横（同僚）・部署と部署など、さまざまです。

この中でも、上下関係や同僚同士の人間関係が悪い場合は、特にブラック企業と言われやすくなります。

上下関係というと、中小企業の場合は経営者と従業員の関係になることが多く、大手企業の場合、部署の中の人間関係（営業所長とそれ以外の社員であったり、課長と部下であったり）等、その関係性はさまざまです。上下の関係性の中で、上の立場の人間が嫌がらせをおこなうことを「パワーハラスメント」、性的な嫌がらせを「セクシュアルハラスメント」、同僚間のいじめを「モラルハラスメント」と呼びます。

⑤離職率が高い

ブラック企業は離職率が高い傾向にあります。

従業員の退職理由に関して厚生労働省が平成21年にまとめた報告書によると、「給与が少ない」「労働時間が長かった」といった理由が上位に見受けられます。これはブラック企業の特徴とも共通するでしょう。

この退職理由に関しては、5章で詳述します。

これら五つの特徴は、従業員の主観も入りますし、あくまで「一見して」のものです。あなたの会社は、いくつ当てはまったでしょうか?

もし、一つでもあてはまったのであればその原因を探り、従業員と面談するなどして常態を把握する努力をしてみてください。

2 給料はどのくらい?

従業員の給与はどのぐらいが妥当でしょうか?「妥当」という言葉には、経営者側から見た「妥当性」と従業員側からみた「妥当性」があります。この「妥当性」を根拠づけるために、経営者は、その業界の「世間相場」を気にすることが多いです。私も顧問先からよく、業界の標準的な賃金の統計などはないだろうか?とたずねられることがあります。

話しが出たので、ついでにご紹介しておくと、賃金統計で私がよく使用をするのは、経済産業省が毎年公開している「賃金構造基本統計調査」や、東京都の場合は東京都労働産業局が出している「中小企業の賃金・退職金事情」です。これらの統計は比較的信頼性も高いと言われています。インターネットでもすぐに検索ができますので、興味のある方は一度ご覧になってみてください。

給料については、さまざまな問題点を内包しており、それだけで本が一冊書けてしまいますので、ここでは、ブラック企業と呼ばれないために注意することに特化してお話しします。

経営者側からみた給料の妥当性とは、会社における財務状態と関係します。かつて私が関わった会社に、利益が全く上がっておらず、人件費が1カ月の売上（粗利ではありません）の3倍（ちなみに従業員は20名程度）という会社がありました。赤字分は、社長の個人資産の持ち出しです。その社長は私に会うたびに、自社の苦しい財務状況を語っていました。売上の3倍というと、そんな企業あるんだぁと良くない意味で関心をする人もいると思います。しかし、程度の差こそあれ、似たような会社はたくさんあります。

起業の時点で、数千万円の借り入れをして、事業をスタート。その後、よそから引き抜いた従業員には、「しばらく我慢をしてくれないか」と頼み込み、最低賃金どころか残業代を入れれば最低賃金も割ってしまうような給与で働かせる。外部への支払いも自転車操業。もちろん、社長の役員報酬はゼロ。これを1年間続け、結局途中で事業を辞めざるを得ないという事態に陥ったという会社もあります。

売上の3倍の人件費というと、えっ！と思われるかもしれませんが、このような、起業話はよく聞くのではないでしょうか？

これはそもそもビジネスモデルとして成立していない事業を行ってしまった結果で

す。

社会保険労務士という仕事をしていると、企業からよく「残業代を減らすにはどうしたらよいか？」「一生懸命働く人には、働いたなりに、還元する制度を整えるにはどうしたらよいか？」という相談を受けます。この質問を投げかける経営者の言葉の裏側には、「うちの会社に合った賃金水準を算出するにはどうしたらよいか？」という本音が隠されています。単純に残業代を減らすことを目的とするなら、例えば申告制にするとか、タイムカードの管理をきちんと行う……などの対症療法的なことがすぐにでも考え付きますが、「うちの会社に合った…」という観点から考えると、根本的な問題の解決にはなりません。

人件費を考えるには、まず、その会社の財務状況を確認し、その企業が生産した付加価値全体（粗利）のうち、どれくらいのお金が従業員に分配されたか（労働分配率）を把握する必要があります。その観点から考えれば経営者が納得できる水準が算出できます。

一方で、従業員の側から見た場合の給料のキーワードは「納得感」です。

多くの従業員が「うちは給料が安い」と言う根拠には二つの考えがあります。まず、自分の能力や働きに比較して低すぎるという考え。そして、もうひとつは、自分の周りと比較して給料が安いという考えです。その人が籍を置いて働いている会社が中小企業であるにもかかわらず、知人の勤めている大手企業と比べたりすることもあります。自分の手取りは●●万円ぐらい。友人は、大手銀行に就職したので、●●万円。業種は異なれど、あいつと同じように毎日働いているのにずいぶん、差があるなぁ……というわけです。

新卒で入社をすると、その不満は7月ごろにピークになります。入社したてで、まだまだ会社に貢献できているとはいえないにもかかわらず、「実力なんか大差ないのにコネかなにかで大手に就職したあいつは、ウン十万円もボーナスをもらったらしい……それにくらべて、自分はすずめの涙ほど……」というわけです。ちゃんと調べたわけでもなく、とこかで聞きかじった給与の水準と自分の待遇を比較をすると、理不尽な思いばかりが先に立って、仕事や職場に嫌気が差してしまいます。

ブラック企業かどうかは、従業員が感じる理不尽さ（納得できない感じ）で決まるといってもいいでしょう。

では、従業員が納得できる給料にするにはどうしたらよいでしょうか？

単純に、給料を、従業員の言い値で決めればよいでしょうか？ 安いと言われたら、上げればよいのでしょうか？

実は、3章で例を挙げた、「仮面ホワイト企業」には、続きがあります。倒産の危機があるほど経営状態が悪いにもかかわらず、社長は従業員のために良かれと、会社の資産を切り崩してボーナスを支払いました。ただ、満額というわけにはいきませんでした。経営が厳しかったため、ボーナスの金額を下げざるを得なかったのです。

その結果はもうお分かりでしょう。

従業員はボーナスが支給されたことを喜ぶのではなく、ボーナスが減額され、年収が下がったことに対し不満を言いだしたのです。

そもそも赤字経営の中でボーナスが出ること自体、考えにくいのですが、人は慣れ、変化を嫌う動物です。既得権としてこの金額の年収が確保されているはずと思い込めば、そこを侵されたことに怒りを感じるというわけです。人の主観とはこれほどに恐ろしいものなのです。

皆さんは、この話を聞いて従業員の怒りはもっともだと思うでしょうか？　それとも怒りを感じた従業員らは感謝が足りないと思うでしょうか？

こんな風にいろいろな考え方や主観を持つ従業員を抱えている企業が、給料について、従業員に納得してもらうにはどうしたらよいでしょうか？

答えは、経営者（会社）が、各従業員に、どうしてその金額になるのかをきちんと説明することです。

評価制度や賃金制度を導入している会社の場合、定期的に評価やそれに対するフィードバックを行い、何を根拠に給料が決められているのかが説明されています。制度を導入しただけで、適切な評価や面談が行われていない会社もたくさんありますが、ここでは、それらが行われていると仮定して説明をしています。その過程で、従業員は、給料を上げるために自分がもっと努力すべきところ、今より伸ばすべき長所、そして会社が自分にどんな期待をかけているかを理解していきます。

これをせずに、社長が一人で、「何となく」今期の給料を決めているとどんなことが起こるでしょうか？ 社長も人の子です。自分のお気に入りには高い評価をし、自分が何となく気に入らない人には低く評価をしてしまわないともかぎりません。

その結果、優秀な人材がやる気を失い、辞めてしまうかもしれません。その人が仕事の要石だったら、会社の組織はばらばらになり、転職先のライバル企業で本領を発揮し、もといた会社を追い詰めるようなことになるかも知れません。

客観的に、評価のできる指標や制度の導入、そして、その後の面談等による従業員への給料の説明、これらを丹念に行う以外に従業員が納得してくれる方法はありません。

以上を踏まえて、労使双方が「妥当」と考えることのできる給料の決定方法は、次に挙げる五つです。

①会社の財務状況から現在の人件費の割合がどの程度であるか確認をする。（この時点で、経営者が考える理想的な状態かどうかを精査する）
②確認後、人件費の総枠を決定する。

③理想の総人件費と現実の総人件費を比較して、増やせるのであれば、人を増やす方向で考えるのか、1人あたりの給料を増やすのか検討

減らさなければならないのであれば、労働の効率化等の制度を考え導入する

④総人件費が決まったら、それをどのように分配するかを決定する（分配方法は、できれば前述の評価制度や賃金制度に基づくものが望ましい）

⑤適時、従業員になぜこの給料なのかを説明する機会をもうける

これ以外に、中途採用をする機会の多い会社については、以下のようなことに気を付けると良いでしょう。

私が考える中途採用者向けの給与決定のポイントは、以下の二つです。

❶あとから雇った従業員の給与が、現在いる従業員の水準（年齢、経験等を考慮して）より上回らないようにする

❷中途採用の場合、その人の前職の給与をできるだけ考慮する

❶は、元からいる従業員のモチベーションに関わることです。

給与というものは年齢と査定によってゆるやかに上がっていくものですが、そこで中途入社の従業員がいきなり自分より高い、もしくは同等の給与をもらっているとわかったら、たいていの従業員のモチベーションは下がります。これは、中途入社の従業員の能力がもとからいる従業員よりどんなに高くても、注意すべきポイントです。

会社に能力給に関する一定の基準があって、中途入社の従業員がその基準をクリアしていたとしても、いきなり同僚より高い給料を支給したりしないで、短くても半年、できれば1年くらいは彼の能力や適性を見極めてからその基準にあてはめていくようにしましょう。

❷は中途入社した社員人のモチベーションに関わることです。前職より著しく給与が下がってしまった場合、その人個人のモチベーションは早晩必ず下がります。高い求人費用をかけて採用した優秀な人材が辞めてしまうことだってあります。

面接のときは何とか雇ってほしいという気持ちが従業員側にあるために、給与に関してあまり要望を言わない人もいます。また、入社して間もないうちはやる気がお金に勝っていることもあるので、問題は表面化しません。

しかし、彼が経済的なステップアップを目指して転職してきた場合、前職より給料が下がれば何のための転職だったのだろう……と迷いも出てきますし、なにより生活が成り立たなくなってしまうこともあります。

中途採用の従業員を雇い入れる場合、この二つを考えた上で、給与を設定することをお勧めします。

先に述べた統計ですが（124頁）、この統計の数字と自分の会社の給料を比較した結果、自分の会社の給料が同一地域、同業の他社と比べて著しく低いとわかったらどうすればいいのでしょうか？

統計には月収相場と年収相場があります。月収は低くてもボーナスを含めた年収は、同程度になるような支払い方をしている場合は、その旨を従業員に理解してもらうように努力をしましょう。つまり、情報を従業員と共有するということです。

では年収も安い場合はどうしたらよいでしょう? これはもう、会社の経営に関わる問題になります。

会社の粗利と人件費を比較して、労働分配率がどのくらいかを割り出してください(コラム135頁)。労働分配率がギリギリでこれ以上人件費を出したら赤字になる、もしくはすでに赤字の場合は、たとえ統計より低くても、給与を上げることはできません。

会社の経営状態が悪く、総人件費を上げることができない、もしくは下げざるを得ないのであれば、仕事の効率をあげる方策を考える。または、売上高を上げる、もしくは、変動費を下げる、その他の固定費を下げる等の工夫を行う必要があります。

もちろん、労働分配率に余裕があるのに相場より安い給与である場合は、従業員に還元するという思いも込めて給与を上げることを検討していただきたいと思います。

コラム 会社のお金の流れ

お金のブロックパズル

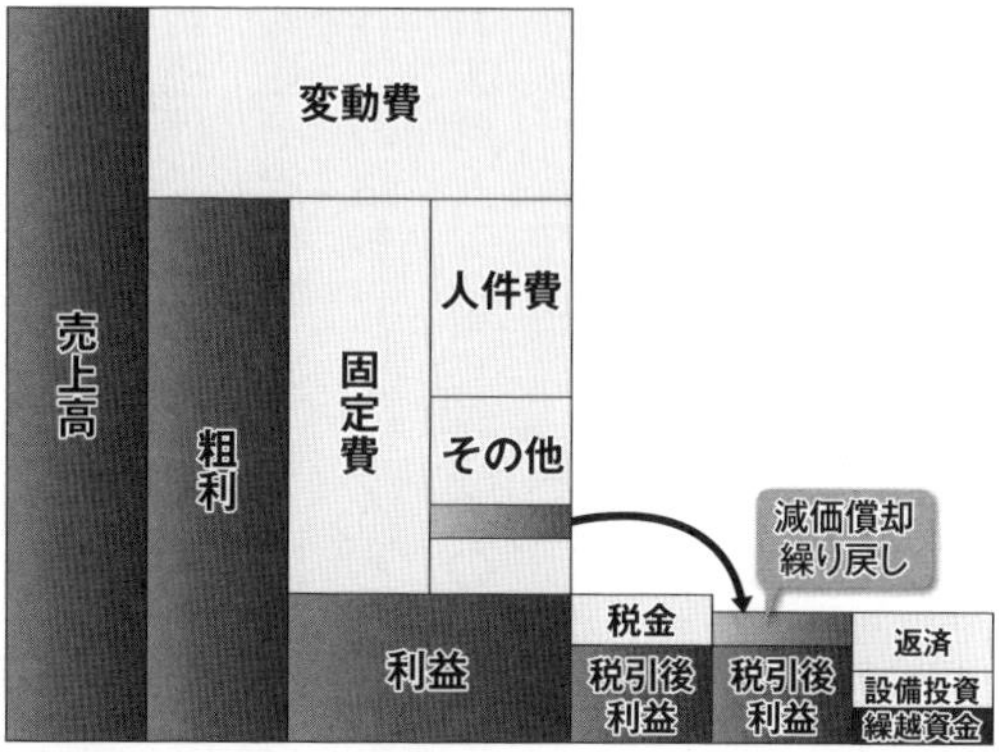

出典:「超ドンブリ経営」(和仁達也著・ダイヤモンド社)、「戦略会計STRAC Ⅱ」(西順一郎著)で紹介されている「STRAC表」と元にアレンジしたものです

経営者と従業員では、入ってくる情報の量と質が違うため、見ている景色も違ってきます。その代表的なものが、会社におけるお金の流れです。

日々会社のお金の流れを見ている経営者や財務担当者ならいざ知らず、大抵の従業員は決算書を見せられても、よくわかりません。

以前、ある会社の役員が「社会人なら決算書ぐらい読めなくちゃだめだ」と話していましたが、実際には、自分の会社の数字を的確に把握できるサラリーマンはなかなかいません。だからこそ、会計の入門書がこれだけ売れ続けているともいえます。

4章で給与額を決める際に、労働分配率を参考にするという話をしましたが、この話ももしかすると、数字が苦手な方にとっては少々難しかったかもしれません。そこで、このコラムでは、会社のお金の流れを視覚的に簡単に考えられる方法をご紹介します。

『脱ドンブリ経営のすすめ』（ダイヤモンド社　和仁達也著）の記載されているお金のブロックパズルです（図表135頁）。

会社のお金の流れを細かい項目は抜きにして、「売上高」「変動費」「粗利」「固定費」「人件費」「その他固定費」「利益」の7つのブロックにわけます。これにより、うちの会社の売上高に対する粗利の率（これを「粗利率」といいます）は何%か?とか粗利に対する人件費は何%か（これを「労働分配率といいます」）?が視覚的にわかり易くなります。つまり、細かい数字がわからなくても、会社の経営に必要なお金の流れは把握できるということです。

従業員に会社の数字の状況を説明する際に、いきなり決算書を渡し「わかったか！」という経営者がいます。そもそも、これでわかったら、その従業員はかなり勉強熱心な人です。できれば、図のようなブロックパズルを用いて説明をするとよいでしょう。もちろん、概算で結構です。この表から従業員が読み解けるのは、

自分たちの給料が、どこから出ているのか？

自分たちは、自分の給料の約何倍稼がないといけないのか？

という点です。

多くの従業員は、給料が上がってほしいと考えています。今より少しでも手取りが増えればもっといいことがあるだろうと思っています。問題は、その原資がどこから出てくるかということを考えている従業員が少ないということです。

ブロックパズルをご覧になってわかるように、人件費は、粗利から出ます。

粗利は、売上から変動費を引いた額になります。つまり、自分の給料を増やしたかったら、粗利の稼げる従業員になる必要があるということです。粗利を増やすには、売上高を増やすか、もし売上高が変わらないとすれば変動費を減らす必要があります。

これが、経営者と従業員の見ている景色の差です。

経営者は売上や粗利を増やすことを考え、従業員は自分の給料を増やすことのみを考えます。その結果、経営者は「うちの従業員は言われないとやらない」「やる気がない」「能力が低い」という判断をしてしまいます。

この差を埋める努力を会社が行う必要があります。

一般に、新入社員を一人前にするまでに、大手企業では年間平均で1千万円、中小企業では年間平均で7～800万円必要だといわれています。新入社員が会社に貢献して「利益」を生み出すまでには、会社の損失のほうが大きいことがよくわかります。

ちなみに上場企業などでは、経営決算書が公開されていますが、中小企業では非公開のところも多く、忙しく働く従業員からすると「忙しいのだから売上は上がっているはず」なのに「給料が上がらない」という不満が噴出します。

こうした仕組みを知らないからこそ、従業員は目先の給与だけを見て「安い」と言うことになります。

ぜひ、経営者と従業員の意識のギャップを埋めるという意味で、こんなお金の教育を会社で行ってはいかがでしょうか。

3 過重労働？　それとも生活残業？

会社の収益と生産性のことを考えない経営者はいないでしょう。そして、それらを考えるうえで常に問題になるのは、残業とそれについてまわる残業代です。

中でも問題視されるのは、昼間手を抜いて、残業代が出る夜（時間外）にエンジンをかけ始める「だらだら残業」いわゆる「生活残業」をする従業員です。

製造業では、よく「ムリ・ムラ・ムダ」この三つをなくしていくことが肝要だと言われています。

「ムリ」は負荷が能力を上回っている状況、「ムダ」は負荷（仕事量）が能力を下回っている状況、「ムラ」はムリとムダの両方が混在して時間によって表れる状況を示しますが、これは製造業だけでなく、どこの業界にもあることで、本当に仕事が効率化された場合に、その残業は必要なのかどうかという問題が出てきます。

これは従業員の意識に問題があることが多いのです。所定の勤務時間に会社にいれば一定の給料はもらえるわけですから、一部の従業員は、同じ給料であれば少しでも手を抜きたいとつい考えてしまいます。そして、給与が足りないと「残業をしよう！」と考えに行きつくのです。経営者は、いかに効率よく仕事をさせるかを考え、一部の従業員はいかに効率的に手取りを増やすかを考えるのです。

国会で審議され、テレビなどのメディアでも大きく取り上げられた「ホワイトカラー・エグゼンプション」（「残業ゼロ促進法」）という制度があります。これは、働いた時間に関係なく、成果に基づいて賃金を支払うという制度です。賛同する意見もありますが、過労死法案などと恐ろしい名で呼ばれている制度です。一方で無駄な生活残業をして会社に負担をかける従業員がいる以上、理にかなっている制度ともいえます。

そもそも時間給というのは製造業における考え方で、定められた時間内に定められた個数の製造をこなすからこそ支払われる給与の仕組みです。それ以外の仕事、例えば、営業や企画、事務系の仕事の場合、その人のやり方や能力次第で一定時間内にこなせる仕事の量は変わってきますから、成果に基づいた報酬というのは自然な帰結とも言えます。

もちろん、過労死や精神疾患の果ての過労自殺をもたらすような過重労働はあってはいけないということは言うまでもありません。

ここで過重労働ということばが出てきたので、それについて少し説明したいと思います。過重労働には三つのパターンがあります。

①仕事の絶対量が多すぎるいという場合
②その仕事に就いている人の能力やスキルが未熟な場合
③従業員本人が時間外の割増賃金を稼ぐことを目的にしている場合

です。

①の原因は、仕事の量に原因があります。これは、会社が量を調整すべき問題です。ただ、一部の人に仕事量が集中している場合は、それらの仕事を複数の従業員に分散するなどの工夫をすればほとんどの場合問題は解決します。責任感が強くて仕事熱心な従業員は、信頼も厚くスキルも高いのでどうしても頼りにされてしまいます。責任

感ゆえに本人が「仕事が自分に集中しすぎている」と訴えにくい場合があります。この場合は経営者や上司がしっかりタイムカードをチェックして負荷を分散させる配慮をする必要があります。

②と③の原因は個人にあります。

その仕事に就いている人の能力やスキルが未熟な場合、多くの経営者は「彼（彼女）はしょうがない……」の一言で片づけてしまいます。でも、ちょっと考えてください。本当にそうなのでしょうか？

同じ仕事に就いている二人の従業員を想像してみてください。AさんもBさんもとてもまじめな従業員で彼らなりに一生懸命仕事をしてくれています。ただ、Aさんは1時間に100の仕事をこなせますが、Bさんは1時間で同じ仕事を50しかこなせません。

Bさんにとっては（主観的に）理不尽な残業が多くなり、モチベーションは下がります。また、Bさんは仕事上の能力が劣っているにもかかわらず、Aさんよりも多くの給料（残業代）を得ます。そしていつしか、それでいいと思うようになります。

Aさんはそんなさんや、Bさんを放置している会社のやり方を見て、どう思うでしょうか?

自分は効率よく仕事をし、時間内に終わらせている、もちろん残業代はほとんどつかない、確かに基本給は多少Bさんより高いかもしれない。でも残業代を合わせると、明らかに自分の収入はBさんに劣る……。

そんな状況でAさんのモチベーションは維持できるでしょうか?

Bさんのやり方を放置することによって、Bさん本人のみならずAさんのモチベーションまで下げていることに、多くの経営者は気づかないのです。

この場合、往々にしてAさんとBさんのやり方が違っており、Bさんは自分のやり方が手間のかかるやり方をしていることや、自分が人より少ない仕事しかこなせていないことにすら気づいていなかったりします。あげく、残業しても成果が低いことを環境や同僚のせいにしたりします。

Bさんのやり方に問題があることをBさんに教えるのは、会社(経営者)の役目です。

この点で、すぐれた手法を取り入れているのは製造業です。製造業は高度成長期に、生産性を上げるために、さまざまな手法を取り入れました。その中で、現在も活用されているのが、戦後アメリカから導入されたＩＥ（Industrial Engineering）手法という方法です。工程管理において、徹底した標準化を図る方法です。この方法を事務職や営業職、サービス業に生かすことにより、仕事の標準化を図ります。一般に問題になる業務において、特別な才能も能力も必要ありません。必要なのは、スキル（最適なやり方を知っているかどうかということ）です。

ですから、もし従業員のスキル不足で過重労働が生まれていると考えているのであれば、スキルアップの場を設けるようにしてください。

三つ目は、従業員が時間外の割増賃金を稼ぐことを目的にしている場合です。

これは「確信犯」です。昼間は適度にゆっくり仕事をし、夕方ごろからエンジンをかけ始めます。そして、遅くまで残業をし、残業代を稼いでいます。こういう残業を「生活残業」と言います。従業員がこのような行動に出る理由は二つあります。一つ目はプライベートに楽しみがないということ、もう一つの理由は、基本給のみでは生活が苦しく、残業で稼がざるを得ない状況にあることです。

プライベートに楽しみがない従業員に会社が残業代を支払う義理はありません。このタイプの従業員が多い会社は、残業を申告制にする等、徹底した管理を行いましょう。

基本給のみで生活が苦しいので残業で稼ぐという従業員にはどんな対策をとればよいでしょうか？この点については、そもそも従業員がそうせざるを得ない賃金体系に問題があると考えるべきです。

つまり、残業有りきで生計を立てざるを得ないような状態は避けるべきなのです。残業を減らしたければ、残業をしなくても並の生活を送れるような給与水準を維持できるようにすることです。経営者がいくら残業を減らしたいと考えても、残業代がないと世間並の生活ができない状況では、従業員は必ず残業をします。その結果残業代を減らすことはできませんし、基本給を抑えて生み出したお金は、より高い残業代に消えていくのです。それこそ本末転倒です（もちろん、基本給はそこそこの金額に設定しているにも関わらず、従業員個人がギャンブルや遊びで散財し、もっと遊ぶ金が欲しいからという気持ちで生活残業代を稼ぐ従業員については問題外です）。

何かを得ようとすれば、時として何かを切り捨てる必要があることもあります。もし、「うちは生活残業的な時間外労働が多くて困る」という会社があるとすれば、今一度、基本給の水準を見直してみることも必要かもしれません。

繰り返しになりますが、会社には従業員の労働時間を管理する義務があります。毎月きちんとタイムカードを確認して、残業が特定の従業員にだけ偏っていないか、確認しましょう。

その従業員の労働時間と任せている仕事の内容を考えれば、その残業が生活残業なのか、過重労働なのかがわかるはずです。

経営者が労働管理をおざなりにしてしまった結果として従業員の生活残業が常態化しているにもかかわらず、いきなり経営改革を叫んで残業を申告制にしたりすると、従業員からは必ず強い反発が出ます。

人は変化を嫌う動物です。もし今、あなたの会社で生活残業が常態化していて、それを改革したい場合は、会社の状態をきちんと従業員に説明したうえで、区切りをつけて行うべきです。従業員の残業が過重労働なのか、生活残業なのかは、会社の労務管理の問題なのです。

過重労働の話題が出たので、私の知るある会社の話をします。

D社（運送業、従業員40名）では、おりからの国交省よりの指導により、従業員には、過重な労働をさせないように気を配っていました。賃金体系は、時間給が最低賃金を少し上回る程度。それにコミッションが加算されていました。ほとんどの従業員は、無理な労働をすることもなく、問題にはなりませんでした。しかし、ある時、E氏が労働基準監督署に申告をしました。その内容は「過重労働」です。

「自分は、会社に過重な労働を強いられている。疲労がたまって、体を壊しそうだ」

という内容でした。

実はこのE氏は、入社して3年、真面目に働いたのは、最初の3カ月だけでした。顧客の評判が非常に悪く、クレームが最も多い従業員でした。何度も社長が菓子折りを持って、顧客宅に謝罪に行き、同行したE氏は、形ばかり頭を下げるだけで、同行後に「なぜ自分があやまらなければならないのだ！」と自らの態度を反省することは一切ありませんでした。同僚とつかみ合いのけんかをし、警察沙汰になったり、勤務中に会社の車で制服を着たままパチンコ店に入るのを同僚に見つかったりと、社内での評判も悪い従業員でした。

ある時腹に据えかねた社長はE氏に「辞めてほしい」と伝えました。すると、E氏の夫人が何とかこのまま勤めさせてほしいと頼み込んできました。夫人の言葉に同情した社長は、翻意して彼に雇い続けることを決めました。

それから、半年たちましたが、彼の態度は一向に改まらず、顧客からのクレームは増える一方です。社長が「どうしたものか……」と悩んでいた矢先、E氏の訴えを受けた労働基準監督署が突然調査にやってきました。労働者の申告による場合、労基署の訪問はアポイントもなく、いきなりであることが多いです。「責任者を出してください。タイムカードと賃金台帳も」といった具合です。

たまたま社長が外出中であったため、人事に関することがわかる人がおらず、日をあらためて出直してもらうことになりました。

私も立ち会い、後日監督官から聞いた話では、問題の争点は「過重労働と休憩時間をきちんととっていない」という問題でした。

それを受けて、労働時間を確認したところ、労働時間が長いのは、E氏のみでした。この会社では、60歳を超え、ゆったり働きたいという従業員が多かったため、ほとんどの従業員が無理をせず働く選択をしていました。

そこから会社側が行ったのは、社長通達です。まず文書で、そして朝礼においても全員に、○○時間以上労働はしないでほしい、その理由は健康障害を引き起こすから。今後は法律を守って、経営をしていきたい、ぜひ協力をしてほしい旨を伝えました。

そして、休憩時間についても、配車の指示をする側が一目見て確認できるように、休憩時間ランプというものを導入しました。休憩時間を適正にとらずに運転を続けている運転手がいたら、社内から注意を促すことにしました。

それから、1カ月間、労働時間が長いのは相変わらずE氏のみでしたので、月の後半になると社長が注意をします。「これ以上働いてもらっては困る。このままのペースで働くと、出勤日数を制限してもらうしかない」といった具合です。

社長からの注意にもかかわらず、E氏は、配車を無視し、勝手に車に乗り込みタイムカードを押して、勤務を続けていました。

そんなことを2カ月続けた後、再度労働基準監督署から呼び出しが来ました。「また、お宅の従業員から申告がありました。内容は、過重労働、つまり長時間労働を強いられている、という内容です。今度は、車の伝票を持って、時間を明確に記録したものを持ってきました。まったく改善がされていないようですが、どうなっているんですか?」という内容です。

同じタイミングで、顧客からE氏の仕事についてのクレームを受けました。労働基準監督署からの2回目の呼び出しは、その注意をしようとした矢先のことでした。

紆余曲折ありましたが、結論からいうと、この従業員については、会社が退職勧奨をしました。退職にあたっては、それ相応の金額を提示し、頼むからやめてくれないかという話をしました。夫人も巻き込んで、なかなか首を縦に振らなかったそうですが、何度か話し合いを重ねた結果、お金を受け取り辞めていきました。

辞めた後も2度ほど、E氏は労働基準監督署に申告に行ったようです。社長は労働基準監督署から、都度呼び出しを受けましたが、監督官も事情に理解を示し、最終的には是正報告書を3通(最初の指導から合計)出すことによって、終了しました。過重労働で指導をしても、当の本人は辞めており、実際に過重労働をしている従業員はいません。その指導も打ち切りにせざるを得なかったというのが事実でしょう。

今回登場したD社は、労働基準監督署の調査を受け、ある意味苦い経験をしましたが、これも大事になる前に表面化し、幸運だと考えられる事例でした。

このまま、労働時間の管理を従業員に任せていたら、将来もっと大きな事故が起こっていたかもしれません。

労働時間は、会社がきちんと管理をすること、そして、問題を見て見ぬふりをせず、問題が発見されたらすぐに改善を試みること、それこそが会社を守る最初のステップになります。

4 職場、上下の人間関係は？

経営者には、社内の人間関係は、実際のところは見えにくいものです。従業員間の相対的な関係しかり、そして経営者自身と従業員の関係しかりです。

職場は、複雑な人間関係が展開される場所です。

上司と部下、先輩や後輩との（上下）関係、同僚や部署間（横）の関係、社内と取引先（内外）の関係……あらゆる方向に関係性の矢印が錯綜し、それぞれの思惑やプライド、価値観が複雑に交錯しています。何もせず、放っておけば、会社全体が良い方向にいくわけがありません。

まず、上下の関係で見てみましょう。

中小企業の場合、よくも悪くも、経営者の影響力が大きいです。同様に、部署の中では、部門長が大きな影響力を発揮します。

そして、横の関係です。

力関係が同一であるはずの、横の関係においても、人は好き嫌いや価値観の違いによって、インフォーマルな関係を作ります。その中では、ささいなことからいじめやモラルハラスメントが発生することがあります。

ブラック企業と呼ばれる会社では、いわゆるハラスメントが横行していることが多いです。ハラスメントは、パワーハラスメントやセクシュアルハラスメント、マタニティハラスメント、モラルハラスメント等々、さまざまな形態をとります。

就業環境が殺伐としているため、ストレスがたまり、誰かをストレスのはけ口にすることで、それがハラスメントに発展する、あるいは、もともとハラスメントが横行している環境であるため、ハラスメントを受けた従業員が、自分より力のない他者をいじめの対象とするという場合もあります。

どんな形態のハラスメントにせよ、ハラスメントは別のハラスメントを生み出す温床となり、決して良い会社の文化を生み出す源にはなりません。

では、ハラスメントを防止するにはどうすればよいでしょうか？

ハラスメントの原因は、感情のもつれや、ちょっとした行き違いです。よって、これらが、もつれたり、行き違ったりしないような方策を取ります。

根本的な解決策は、企業文化を変えることです。ただこれは、一朝一夕でできることではありません。詳しくは第6章で紹介します。

ここでは、ブラック企業と呼ばれないための、カンフル剤的な、比較的短期間に効果の出やすい方法を紹介します。

それは、管理職に対する教育研修（ＯＦＦ‐ＪＴ）です。

意外に思われる方も多いかもしれません。一般的に教育は効果が出るのに時間がかかる、とか、投資効果が測りにくいと言われている分野だからです。

しかしながら、実際に私が教育研修をさせていただいた企業では、1回もしくは2回程度の管理職研修で、その部署の雰囲気が変わった、何より管理職が優しくなり部下を的確に指導するようになったという、成果が出ています。特に、今まで教育を行ったことのない中小企業であれば、受講者の変化は非常に大きいです。

なぜ管理職研修で、これほどの効果を上げられるかおわかりでしょうか？

企業においていくら新入社員に自立型人材を採用し、教育をしても、管理職が変わらなければ、いつまでたっても会社に新風を送り込むことはできません。水は上から下へ向かって流れるのです。部署には、上流に部門長、下流に部下がいて、部門長が変わればその部署全体が活気づくことも、逆のこともあります。

会社として、この関係性を良い方向に向けるために、管理職への教育をします。通常、人は自分が経験したこと以外のことを、相手にすることができません。現在、企業のトップに立っている人や、経営を支えている人たちは、高度成長期やバブル期の成功体験を持っている人たちです。造れば物が売れた時代、働けば給料が上がった時代です。これらの時代には、強引な営業手法や根性論がはやりました。つまり、頑張りさえすれば、その努力は報われた時代だったのです。

そんな時代には、上下関係はそれほど難しいものではありませんでした。努力さえすれば、労働環境において置き換えるなら、サービス残業が会社への貢献度と評価され、その評価によって出世も、昇給も決まった時代だったからです。「俺についてこい」「俺の背中を見て、まねをしろ」といった、イケイケドンドンの教育でも部下はついてきました。

そんな上司の背中を見て、育ってきた人が上司になったとき、部下にどんな教育をするかおわかりですね？　当然かつて自分が育てられたとおりに部下を教育しようとします。それが、何となくうまくいっていないような感じがしても、その方法しか知らないのですから仕方ありません。「自分の時代には、仕事は教わるものじゃなかった、自分で盗んで身につけていった。なんでもかんでも教えてもらおうとしなかった」と40代以上の世代がよく口にする言葉です。

平成の今、そういう昭和な若者が全くいないわけではありません。しかし、平成の現代っ子を、そんな育て方をしながら、上司が部下や組織を顧みずに前ばかり見て猪突猛進していたらどうなるのでしょうか？　たいていは、ふと後ろを見れば、誰もついてきていなかったということになってしまうでしょう。

経験していないことを補うために、管理職は、時代に合わせた、部署運営と人の育て方を学ぶ必要があります。今風の人との関わり方を学ぶのです。

人は基本的に自分が正しいと思っている動物です。一見自分に自信がないとか、常に誰かに迎合しているように見えても、実のところ、幼いころから自分の中で培った価値観は自分では変えられません。

特に大人になってからは、価値感が完全に出来上がってしまっているため、他人からこれがいいよ、とかこうした方が良いと言われても、ほとんどの場合素直に受け入れることができません。

教育訓練では、講師が上から目線で、「管理職とは」とか「ハラスメントとは」ということを大上段に振りかぶって、教えるわけではありません。管理職たる自分が日ごろどんな考え方をし、行動をしているかそれを部下がどう感じるかを、自ら考え気づいてもらう場を提供するだけです。

それが、教育研修（ＯＦＦ－ＪＴ）です。

そして、忘れてならないのが、経営者の存在です。中小企業の場合、善悪は別にして経営者の影響力が非常に大きいのです。管理職に研修を行うのであれば経営者も一緒に研修を受けてみることを考えるべきです。

以前、私が教育研修に入らせていただいた企業でこんなことがありました。

従業員70名ほどの介護施設です。正社員が20名程度、残りの50名はパートタイマーで構成されていました。よくある介護施設です。正社員の20名は、20代から30代の若い人が多く、パートタイマーはそれより上の40代から、50代の人を中心に構成されていました。

教育研修の依頼は、社長から頂きました。

社長の希望は、正社員とパートタイマーの世代間ギャップゆえに、社内がぎくしゃくしている。次の時代を担う若い正社員に教育研修を通じて、中間管理職として成長してもらい、パートタイマーへの指導方法を学んでほしい。ということでした。

20名の正社員うちまず8名を選抜し、教育訓練を始めました。

最初は2日間、合宿形式で6カ月間のアクションプランを決めました。

後は月に1回、進捗状況をレポート形式で提出してもらいます。

途中3カ月目に、フォローアップ研修を行いました。

選抜メンバーということもあり、レポートの提出は順調でした。レポートの内容からも真面目に取り組んでいる様子がうかがえました。ただ一つ、研修を受けた8名の言葉の端々に出てくる社長への不満が気になっていました。この施設に施設長はいましたが、高齢ということもあり、ほとんど、その存在が形骸化していました。必然的に社長が前面に出て行かざるをえない状況でした。

3カ月目のフォローアップ研修の後、あるメンバーからの相談を受けました。

「この研修を受けて、いろいろ考える様になりました。本当に有り難うございます。

研修を受けなければ、目の前の作業に追われて、周りの人のこととか、まったく考えなかったと思います」

「良かったです。研修を受けさせてくださった社長に感謝ですね」

と私が応じると、彼は表情を曇らせました。何かを言いたそうで、言い出しにくいという雰囲気でしたので、しばらく黙っていました。すると、

「すみません。こんなこと、先生に相談するべきではないと思ったのですが、誰にも言えなくて…」

「何?どうしたの?」

「最近社長の言葉に疑問を感じて……」

つまり話はこうでした。彼は、チームを一つ任されていました。チームのメンバーは8名。その中には50代のパートタイマーもいれば、新卒入社の20代の正社員もいます。彼はスタートアップ研修で、6カ月間の大きな目的に、日ごろから社長が言っている「残業の削減」をあげました。そして、彼自身が考えていた以上に、成果があがりました。当初1人当たり、一カ月平均40時間程度の残業をしていたのですが、3カ

月後には、平均20時間程度になっていました。もちろん、チームメンバーの協力は大きかったそうです。彼の提案に賛同をしてくれ、さまざまな業務の効率化の提案をしてくれたそうです。

そんな中、彼は会社の中の自分の位置づけや、業務の流れを考える様になりました。ある日、事件が起こりました。利用者さんに対する投薬ミスでした。

この施設では、3カ月に1回程度、この手の事故が起こっていました。他の施設に比べて多いのです。事故後のミーティングで、社長が投薬ミスをした従業員をその場にいた全員の前で叱責しました。「なんでこんなミスばかりするんだ。何度言ったらわかるんだ。真剣に仕事をしてないからこんなことになるんだ。もしこれが新聞沙汰になったら、責任を取るのは私だ。わかっているのか！」と、叱られた従業員は、じっとうつむいて何も言えませんでした。

よく聞けば、こんなシーンは日常茶飯事の様でした。社長は何か事が起こると、すぐに従業員を怒鳴りつけます。コンプライアンスについても、「いま、そのやり方は法律違反になりますので……」と従業員が翻意を促すと、「俺の言うとおりにやればいいんだ。責任を取るのは俺だ」と頭ごなしに言われるそうです。

中間管理職が新しい情報を得て、自分を見直し、人間的に成長をしようとしたとき、目の前にいる経営者の姿を見て、幻滅するということは当然、起こり得ます。それが、若い世代であれば、あっさりと別の職場（尊敬できる経営者のいる職場）に移ってしまします。

フォローアップ研修で私に相談をしてきた彼は、6カ月の研修が終了した後、「どうしても社長が尊敬できない。かつての職場でお世話になった尊敬できる上司が、起業をしたと聞いたので、そちらに転職します」とそれまでの介護職のキャリアを捨て、福祉商品の販売会社に移りました。今彼は、新しい職場でとても生き生きと楽しく働いているそうです。

従業員に学びを求めるのであれば、経営者はそれ以上のものを学ぶ覚悟が必要です。従業員の成長を期待するなら、従業員が成長する倍のスピードで成長する気概を持つ必要があるのです。

従業員同士の関係性に関しては、今、横のつながりをよくするために、かつて高度成長期にはやった運動会や社員旅行などを企画する企業が増えています。特に、従業員同士の関係が希薄になりがちな、IT企業等で取り入れられることが増えています。

あるIT企業では、精神疾患で長期休養する人が跡を絶たなかったのですが、会社が福利厚生の一環として、田舎に別荘を借り上げ、そこに5〜6人の社員を泊まらせ、自分たちで炊事を行う短期間の合宿を企画しました。参加者からは、「他部署との横のつながりができた」「合宿が終わってからもプライベートの交流が発生したり、社内であいさつをするようになったりした」など、とても良い評判です。そして、精神疾患にかかる社員は減少したといいます。

こうしたイベントの成否を分けるポイントは、それが社員のためになることかどうかという点です。イベントが、対外的なイメージアップのためや、経営者が気まぐれに自己満足のために行うことであれば、それは必ず従業員にも伝わり、白けたムードになります。さらに言えば、たとえ従業員のためを考えての企画であったとしても、企画意図が伝わっていなければ、効果は半減します。人間関係を円滑にするための企画なのだ、ということをきちんと説明したうえで行うようにするとよいでしょう。

さて、職場の人間関係は、見極めるのがとても難しい要素です。特定の部署において離職率が高い場合は、人間関係が原因であることが少なくありません。役職上の上司ではない人物（影のボス）が中心となって特定の人物をいじめるなど、問題のキーパーソンが潜んでいる場合もあります。

もし突然従業員が辞めるということになったら、必ずその理由に耳を傾けましょう。これから辞めていこうとする人は通り一遍の回答をすることが多いものです。しかし、ここで本当の理由を知ることが、その後の労使トラブルの芽を摘むことにつながることもあります。経営者だけではなく、上長や人事担当者など、威圧感を与えない人物が柔らかく話を聞くことが大事です。どうせ辞めるのだから、と経営側が問題をおざなりにすると、辞める従業員が相次いで、結果として大きな損失につながることになりかねません。

こうした事態を未然に防ぐために、下からの意見が上に通る仕組みを作ることも有効な方法です。例を出すと、目安箱（徳川幕府の第8代将軍徳川吉宗の時代に設置。町民や百姓の直訴のためのもの）等を設けるのも一つの方法です。この方法は末端の人たちの表だって声をあげられない人たちの意見を拾えるという点で有効ですが、これが逆に働くと、無記名故に言いたい放題になる可能性もあります。よって、目役箱を作ったからOKではなく、定期的に個人面談や会議を行うことをお勧めします。本人からの訴えではなく、周りから指摘が出ることもあります。

事前にトラブルの芽を摘める可能性が高くなるということはもちろんのこと、長い年月と多くのコストをかけて大切に育ててきた人材を失わずに済むこと等、その経済的メリットは計り知れません。

ブラック企業といわれないために大切なことは、下からも意見が言える環境を作ることです。

コラム

従業員教育について

従業員教育には大きく分けて次の二つがあります。

・ＯＪＴ（On the Job Training）

……実際の仕事を通じて行う人材育成のことで、現場で先輩などがついて仕事を教える

・ＯｆｆーＪＴ（Off the Job Training）

……仕事の現場を離れて行う人材育成で、講習など座学で教育を行う

この二つはいずれにもメリット・デメリットがあるため、両方をバランスよく行うことが重要になります。

教育訓練で、ある一定の成果をだすためには、教育係に教え方や教えることを丸投げしないことをお勧めします。つまり、会社が一定の教育訓練プログラムを予め用意をしておくということです。なぜなら、教育係に丸投げを

した場合、担当者の力量や経験、考え方によって、大きく左右されるからです。また、教育係も自分の仕事を抱えながら後輩を教えることとなり大きな負担を感じます。そのため、会社がプログラムを組んでおくと成果が出やすく、教える方も成長するという1粒で2度おいしい結果になります。

特に、中途採用であれ、新卒採用であれ、試用期間中の新人教育訓練プログラムは必須です。

このとき重要なのは、教育係となる従業員に対して、ゴールまでの必要なスキルの一覧や「何を学んで、どうなってほしいか」ということが明確に見える物を渡すことです。

元来、会社には、試用期間中にこのくらいのレベルまでは到達してほしいというものがあるものです。それは、単なる経験値であることが多く、教育係になった担当者にも、ましてや、新しく雇われた従業員にもまったく伝わっていません。このような状態は、本人たちからすれば、ゴールを知らされずに遠泳するようなもので、何を目標にどこまで行けばいいのかわからない暗闇の中の手探り状態がえんえん続くことになります。そして、この暗闇状態を続けた上で、試用期間終了日の2～3日前に、経営者が突然「会社の望むレベルまでいかなかった。君はダメだからクビだ」と伝えることもよくあります。

大切なのは、特に試用期間においては、スタート時に何をどこまでのレベルになってほしいか明確にすること、定期的にレベルを精査し、このままでは試用期間中に最初に定めていたレベルに到達しそうになかったら、「このままじゃダメだよ。ゴールはこのレベルだから、もっと頑張ろうか？」と軌道修正ができるように声をかけることです。

試用期間中のゴールなどと難しい言い回しをしていますが、内容は、業務の箇条書きで結構です。そこに、レベルを書き添えてください。

教える側が教えなくてはいけないことが明確になるのはもちろん、従業員側も目標が明確になりますので格段に成果が出やすくなります。こんな感じで、試用期間中の教育訓練プログラムを組んでください。

教育訓練プログラムと言うと、何か専門家に頼まなければいけないような感じがしますが、そうではありません。

重要なのはまず、今もお話ししたように試用期間に何を学ぶべきかと明確にすること。部署の課長といった立場にある人が自分の経験に基づいて学んでほしいことの順番を明確にし、そのうえで誰に教えさせるか、何時間くらいそれぞれにかけるかを決めてください。そうすることで、今まで人に教えた経験のない従業員でも教えやすくなります。

また、学んでほしいことを最初に明らかにすることで、ＯＪＴがいいのか、ＯｆｆーＪＴがいいのかもはっきりしてきます。中小企業ではＯＪＴのみ、というところが多いのが現状ですが、内容によってはＯｆｆーＪＴのほうが学びやすいものもありますので、どちらが学んでほしいことをより学びやすいのか、考えたうえで実施しましょう。

これはたとえば、小売店の店長を育てるにあたって、商品の流れなど小売店自体の売り上げの仕組みについて教えるのは、現場で仕事をやりながら教えるＯＪＴより、組織図や業界の流れなどを見ながら座学をするＯｆｆ－ＪＴのほうが学びやすくなります。体系的にまず流れを学んだほうが、細かい部分も頭に入りやすいのです。

一方、小売店の店員に客対応などを教える場合は、現場で実際に先輩について学ぶＯＪＴのほうが理解しやすいでしょう。

なお、こうした従業員教育に関しては現在、厚生労働省が力を入れており、助成金制度も組まれています。正規労働者に専門的な資格を取らせるためのキャリア形成促成助成金、非正規労働者に職業訓練を受けさせるキャリアアップ助成金などありますので、調べてみるのもいいでしょう。

コラム 組織診断について

組織診断とは、企業に関わる内的・外的な問題を客観的に診断することです。

会社全体の問題点や従業員一人一人の不満などは、たとえ定期的な個人面談などを実施していても全てを見極めることはできません。しかし、組織診断を行うことで、問題点や従業員の不満はもちろん、会社の良い点も客観的にあぶり出すことができます。

問題点や良い点を客観的にあぶり出し分析することで、従業員と企業との関係性を把握できるとともに、優先課題とそのための施策などが明らかになりますし、その後の研修等も効果的に行えます。また、従業員の満足点・不満点を理解し、不満を解決することで、従業員のモチベーションアップにもつながります。

組織診断はさまざまな会社が行っており、値段も高いものから安いものまでありますが、筆者がよく使っているのは「Ｓｅｖｅｎ Ｅｙｅｓ Ｄｏｃｋ（セブン・アイズ・ドック）」（株式会社あしたのチーム）です。人事コンサルタントの草分けである望月禎彦氏（有限会社人事政策研究所）が、企業の状況を人間ドックに見立てて、株式会社あしたのチームと共同開発したものです。

ＷＥＢ上で診断ができるということと結果が詳細で見やすいという点が大きなメリットです。価格も他社と比較すると安価であるため、中小企業向きと言えます。

「Ｓｅｖｅｎ Ｅｙｅｓ Ｄｏｃｋ」は、組織内の「関係性」に着目し、従業員のモチベーション状態を「ハーズバーグの衛生要因と動機づけ理論」（コラム１９４頁）に基づいて「重要度」と「満足度」という形で可視化・数値化します。

また、組織全体のモチベーションに大きく影響する、次の七つの要素を人間の体の部署になぞらえて調査・分析します。

脳：意思決定スピード（トップの力量、役割・権限の明確化）
目：価値観・方針の浸透（価値観・方針の明文化、浸透のための仕組み等）
足腰：環境整備（礼儀、規律、しつけ、清掃、整理整頓等）
心臓：PDCマネジメント（経営計画のPDC、所属長のマネジメント等）
内臓：人材の質と量（後継者の育成、幹部社員の力量）
神経：情報の共有と活用（共有のための仕組み、インフラ整備等）
血液：評価と報酬（適切な評価・報酬制度、総人件費管理等）

なお、この七つの条件は、成長する組織、会社に共通する条件とされています。

組織診断が一番効果的に働くのは、従業員の生の声を聞きたいときや、経営者には見えない何らかの問題があって、離職率が高まっているときです。

特に、会社の特定の部署で離職率が高いときなどは、個人面談を行っても聞けない従業員の本音を聞き出すことができ、長い間見つけ出すことのできなかった根の深い問題などを洗い出すことができますので、できれば年に1回程度、定期的に行うのが理想的です。もちろん、組織診断をするからといって、個人面談などをしなくてもいいというわけではありません。個人面談には個人面談の良さがありますので、組織診断と合わせて行うとより効果的でしょう。

先に申し上げたとおり、組織診断はさまざまな会社が行っていますので、いろいろ調べてご自分の会社に合ったものを選択してください。

5 将来の見通しと離職率

一般に、就職して3年以内に中卒の7割、高卒の5割、大卒の3割が離職する現象を「七五三現象」といいます。

なぜ若者は、会社を辞めるのでしょうか？　多くは「将来が見えたときに辞める」と言われています。

たとえば新卒で入社したとして、10年後の自分がどうなっているのかは、33〜34歳の先輩を見ればある程度想像がつきます。その「未来の自分」に当たる人が輝いているか、自分を失い唯々諾々と日々を送っているか……ここが大きな分かれ目です。

若者にとって、会社の将来性＝自分の将来性です。会社の将来に希望が感じられなければそれは自分の将来に希望が感じられないのと同じことなのです。

もちろん、これも従業員の個々の主観によるもので、自分に能力があれば会社の将来性にかかわらず花開くことは可能です。にもかかわらず、自分の責任に帰すべきことを会社の責任にすり替えて希望を失って、退社してしまうわけです。

これを防ぐために、会社が個人のキャリア設計を後押しすることが必要になります。「自分が将来どうなりたいか」「この会社でどうしたいか」を常に問いかけるのです。会社の状態を説明して、会社の状態がどうなのか、故に彼らの今後の給与がどうなるのか、労働時間はどうなるのかを説明してもいいかもしれません。「会社がそこまでしないといけないのか⁉」と思われるかもしれません。しかし、このきめ細かい配慮こそが若者の定着率を上げる源となります。

皆さんは、パレートの法則というものをご存じでしょうか？最近TVのクイズ番組にも登場するぐらいですので、聞いたことがあるという方も多いと思います。イタリアの経済学者ヴィルフレド・パレートが見いだした法則で、ヨーロッパのある国ではトップ2割の金持ちが、国の資産の8割を保有していたという考え方です。もともとは所得の分布をモデリングするために提唱した確率分布を言います。それが、経験則から最近は前述のようにニハチの法則や20対80の法則とも言われるようになりました。マーケティングの世界では2割の顧客が売り上げの8割を占めているとか、人事の世界では優秀な2割の従業員が8割の粗利をもたらしているとも言われています。ここでテーマにしたいのは、「優秀な2割の従業員が8割の粗利をもたらしている」という部分です。

各世代において、2割の優秀な社員が存在するとすれば、残りの8割は優秀とは言えない人です。この中には、普通の（標準的な）人や、非常に残念な人も含んでいます。強いて申し上げるなら、この8割も二つに分かれます。6割と2割です。後者の2割が残念な人たちです。この人たちは、放置していたら、ブラック社員化する可能性のある人たちです。

この三角形の頂点の2割の人はどんな仕事についても、自分でモチベーションを上げて仕事に取り組める人物であり、いわば自立型人材です。このタイプの人間を採用できれば、その企業は非常な幸運を手にしたと言えます。しかし、残念なことに、全体の2割を占めるこのタイプの人たちは、大手企業が、それこそ社運を賭け、莫大なコストをかけて採用するため、中小企業にはなかなか獲得しがたい人材となっています。

とすれば、中小企業が獲得しやすい人材とは、残りの8割の人たちです。残りの8

【図表4】20対80の法則から見る従業員の割合

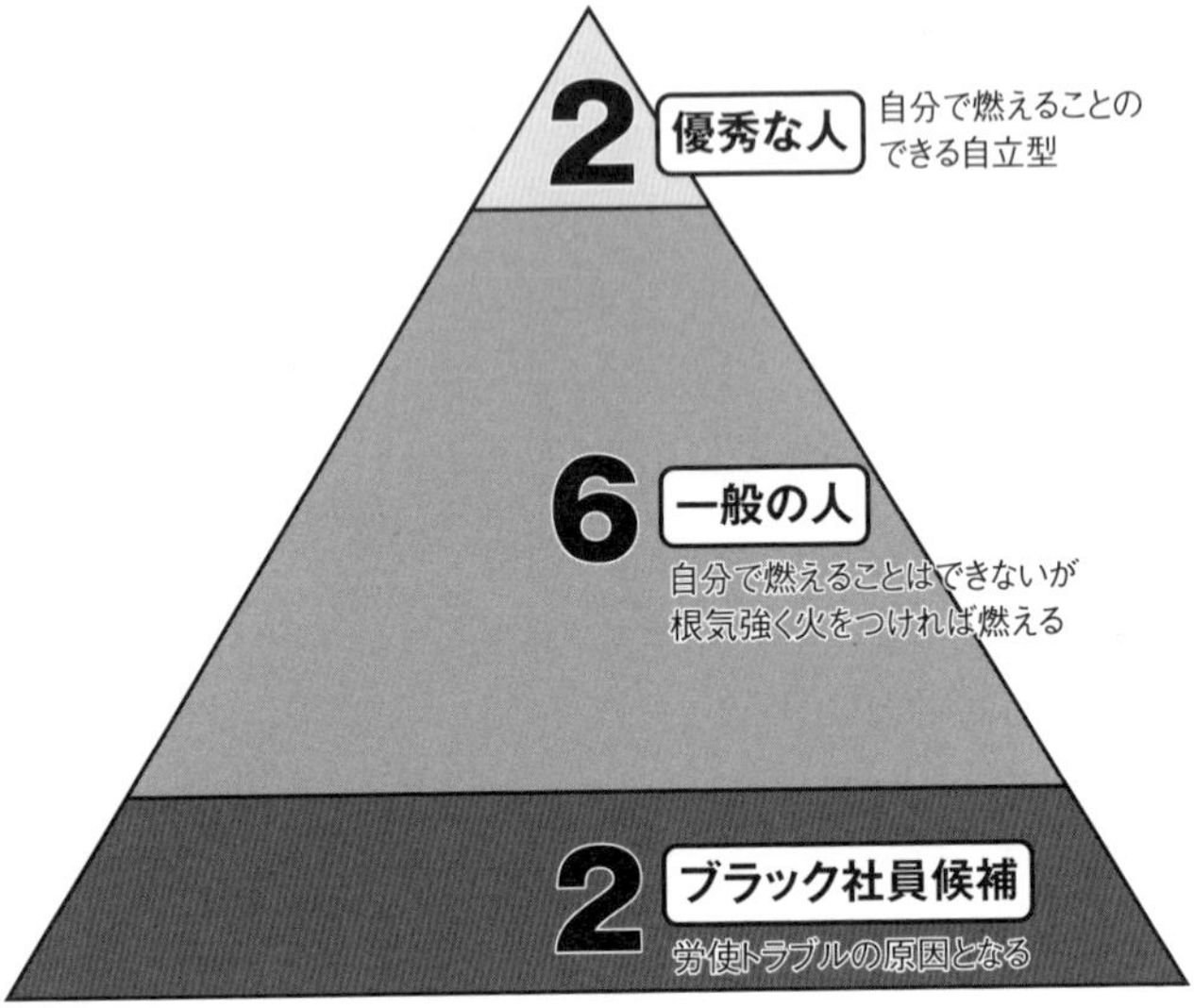

割のうち、三角形の底辺側の2割の人たちは、いわばブラック社員候補生です。中小企業の採用は、このタイプの人たちを採らないための仕組みにする必要があります。そのために、2章で述べたように採用に細心の注意を払ってほしいというわけです。

さて残った6割は、普通の人たちです。この人たちは、「まだ表面的には見えないけれど、大きな可能性をもった人材」です。彼らは自分ではモチベーションを上げたり、一度アップしたモチベーションを持続したりすることができませんが、根気強く火をつけてあげれば、やる気の炎を燃やすことができます。本当は頑張りたい、けれど今はちょっと条件やタイミングが悪くて一歩踏み出せない、それが彼らの特徴です。

では、どうすれば、彼らのやる気の炎を燃やすことができるのでしょうか？

やる気の点火スイッチを探したり、押したりする、その手法が、社員教育であったり、人事制度であり、先ほど申し上げたキャリア設計の後押しなのです。

6 ブラック企業、それを決めるのは……

ここまで、自分の会社がブラック企業かどうか見極めるための判断基準やその対応策についてお話ししてきました。

賢明な読者の皆さんは、すでにお気づきかと思います。ほとんどの場合その会社がブラック企業かどうかは、結局のところ、従業員の主観によって決まります。判断者の主観で決まる美人コンテストと同じことだと考えていただければ、わかりやすいでしょう。

重要なことは、経営者と従業員、上司と部下の価値観や考え方がまったく違うことが得てしてトラブルの原因になりうる、ということです。

経営者や管理職からすればこれくらい当たり前と思われる労働が従業員にとっては過酷に思え、経営者や管理職にとっては当たり前の発言が、従業員にとってはハラスメントであったり……。また、先に述べた社員旅行などのイベントも、経営者はよかれと思ってやっていても、社員との価値観が違えば、ただの強制になってしまいます。

最近ブラック企業の代表格とも言われているワタミグループは、NPO法人を作り、社会貢献と称して「ワタミの森」という30haの森林を運営しています。森林の植樹や伐採などの管理は、社員によるボランティアです。この作業時間を経営側は社会貢献、社員による自主ボランティアとしていますが、社員からすると、業務の一環、すなわちサービス残業に入ると認識をしている可能性も高いです。この辺は、経営者と従業員の価値観の相違によって生じるものです。

会社にとって、重要なことは、その会社や経営者が大事にしていることを同じように大切なものと考えてくれる従業員を集めることです。それが採用です。最近、就職市場は、売り手市場です。少子高齢化が続き、労働力人口が減少している日本においては、この傾向は継続する可能性が高いです。中小企業では、「なかなか優秀な人材が集まらない、採用できても定着しない」と愚痴をこぼす採用担当者も多いようです。採用時、まず会社がすべきは、どんな従業員が欲しいかということを明確にすることです。


漠然と優秀な人材と言われていても、じゃあ、自分勝手な独りよがりな人でもいいのですか？ということになります。自己愛が強く、何でも他者のせいにする「他責タイプ」の人は、会社のあら探しをしがちです。

ブラック社員につけ込まれてブラック企業という烙印を押されないためには、採用でブラック社員化する可能性のある人を採らない仕組みを作ることが大切です。

また、ブラック企業と呼ばれないために、経営者としては、最低限の法律知識を学んでいただきたいとも思います。もし自分ではできないと思うのであれば、プロである弁護士や社会保険労務士に相談できる環境を作りましょう。目先の経費にとらわれて専門家を顧問につけるわけでもなく、法律も勉強するでなく放置するようでは、そのトラブルは、自ら引きおこしたようなものです。

経営者が義務を果たしたうえで、なおかつブラック企業と言われないために必要なものは、「従業員との信頼関係」です。

信頼関係が築かれていれば、万が一、会社側に落ち度があったとしても、改善の余地が生まれ、ユニオンに駆け込まれたり、インターネットで実名を挙げられたりするような、最悪の事態には陥ることはありません。そもそも、信頼関係が築かれていれば、従業員からブラック企業などと言われることはないのです。会社と従業員の双方向のコミュニケーション。それこそが信頼関係を築く基本になります。

第5章

ブラック企業と烙印を押される前に気を付けること

1 知っておきたい、経営者が最低限気をつけるべきこと

この章では、ブラック企業と呼ばれないためにどうすればいいかの具体的な解決法をお話しします。

そもそも会社がブラック企業と呼ばれてしまう背景には、労働条件による部分（法律違反）と、労使間の信頼関係の断絶の二つが要因として挙げられます。

まず、労使間の信頼関係はなぜ破たんするかについてお話しします。

大前提として押さえておいていただきたいのは、経営者と従業員では視点がまったく違うということです。そして持っている情報量も全く違います。

経営者は会社全体（おカネの流れ・モノの動き・ヒトについてなど）の情報、さらには業界全体の動向など多くの情報に接する機会をもっていますが、従業員は一部の情報にしか触れることができません。無役の平社員であれば横つながりでの情報、課長クラスであれば、直接の部下からもたらされる一部の情報と直接の上司から下りて

くる一部の情報など、入手できる情報が限られています。場合によっては、上からも下からも情報が入ってくる、すなわち情報の通り道にいる中間管理職がもっている情報がもっとも少ないということもあります。これは、中間管理職という立場上、表面的な情報ばかりが通り過ぎていくからです。

理屈からいえば、経営者は、時として一番情報量の少ないと考えられる中間管理職から上げられる情報にのみ接するのだから、会社の細部がよく見えていないのではないかとも思われます。しかし、中小企業の経営者は、会社のかなり細かい情報まできちんと捉えていることが多いのです。教師が教壇上にあって、数十人の生徒の中から居眠りしている一人を瞬時に見つけ出せるのと同じです（そうですよね？　この本を読んでいただいている経営者の方）。経営者以外の方でこの本を読んでくださっている方、経営者は意外にあなたやあなたの同僚そしてあなたの部下のことまでよく見ています。そして、もし全然見えていないと自覚のある経営者がいらっしゃるならもっとよく会社のことをみて頂きたいと思います。立場上、もっとも見易い位置にいるのですから。

話しを元に戻します。入ってくる情報の質と量が違えば、視点も考え方も、個々の情報の扱い方も変わってくるのは当然でしょう。もう一つ、人はそれぞれ自分に都合のいい価値観という色眼鏡越しに事象を捉えます。それぞれ異なる価値観と異なる質と量の情報に接した経営者と従業員、両者がまったく違う方向から会社を見ていても何の不思議もありません。

これらに加えて、従業員から「うちは、ブラック企業だ」と言われてしまう決定的な要因があります。

それは、お互いに相手のことを考えていないということです。

性善説に基づいて考えた場合、会社で働く人は経営者も従業員も皆やる気があり、会社のために何か役に立ちたいという前提条件のもとに働いているはずです。にもかかわらず、それはある日突然なのか、時計が少しずつ狂うようになのか、時と場合によりますが、両者の間に大きく修復不能な亀裂が入ります。

そのきっかけは経営者や上司の「大した働きもしていないくせに」や「給料泥棒」という言葉だったりします。

労使関係も、夫婦関係や家族、そして友人関係と同じです。相手への思いやりを欠いた言葉を発した時に、信頼関係は崩壊します。これは大手企業であっても中小企業であっても、企業が人の集まりである以上、どこでもついて回る話です。

これを今風に一言で表現すると「コミュニケーション不足」を原因とする人間関係の問題ということになります。

もう一つは労働条件です。一般的にはこれが「ブラック企業」と言われる最も大きな要因になります。

本書の中で私が言うところの「真性ブラック企業」は労働条件において、完全に違法な状態です。最低賃金よりも低い賃金や未払い賃金、さらには刑事事件となってもおかしくないような異常ないじめ（暴力行為や精神的なプレッシャー等）が挙げられます。これらが起きている場合、「お宅の会社はブラック企業」と言われても仕方がないのです。

真性ブラック企業と言われないためにもまず何よりも気をつけていただきたいのは、賃金の最低賃金割れ、そして未払い賃金です。

また、いじめに関しては、殴る・蹴るなどの暴力的行為は刑事事件に直結します。経営者や部門長が意図していないところで発生していたとしても、もしその証拠や兆候があれば、中途半端な対応はせず「速やか」かつ「厳正」に対処してください。セクシュアルハラスメントも、同様です。

暴力によらない精神的なハラスメントについては、立証がし難いという点や対象者が精神的に陰湿かつ巧緻においつめられた場合、ハラスメントを受けている側に被害をうけているという自覚が希薄なことから刑事事件になりにくいという傾向がありますす。しかしながら、これは会社において許される行為ではありません。

平成24年には、総合労働相談の相談件数のトップが「いじめ・嫌がらせ」になりました。今や、ハラスメントは社会現象です。

また、「解雇」も大きな問題となります。正当なものであれ不当なものであれ、解雇の前例があるとどうしてもブラック企業の烙印を押されやすくなります。従業員から見れば「使い捨て」的なイメージが付きやすいからです。

法律上、「採用」と「解雇」に関しては、会社にある一定の裁量が認められています。このような法律的な根拠があるため、「解雇」については、労使の意識の差がはっきりをあらわれ、労使トラブルの原因となりやすいとも言えます。ちなみに平成23年度までの総合労働相談の相談件数は、「解雇」がトップでした。

「解雇」は、従業員にとっては死活問題になることであり、経営者が気に入らないからなどという理由で安易な解雇を頻発していると、将来とんでもないしっぺ返しを喰らう可能性があることを知っておいてください。

2 離職率が高い、その理由は？

4章で説明したことと重なりますが、従業員が退職する理由としては、次の四つが考えられます。

❶仕事の問題

・求められる質が高すぎる
・仕事の絶対量が多い
❷給与の問題
❸人間関係（対経営者、上司や部下など上下関係、同僚同士）
❹自分のキャリアや将来性

このうち❶仕事の問題と❷給与の問題が、ブラック企業と言われる要因になります。❸人間関係に関しては、ブラック企業と言われやすい会社の特徴にも挙げましたが、この条件単体のみでブラック企業と言われることはありません。

２００７年に労働政策研究・研修機構が発表した若年者の離職理由【図表５】を見ると、やはり❶と❷の要因が大きいことがわかります。

また、この離職率はその会社が属する業界そのものの構造に影響を受けることがあります。離職率の高い業界は、サービス業、建設業（現場）、ＩＴ関連企業、そして介護などの福祉業界です。

【図表5】若年者の離職理由

前職の退職理由	割合
①仕事上のストレスが大きい	43.0%
②給与に不満	31.3%
③労働時間が長い	29.9%
④職場の人間関係がつらい	27.9%
⑤会社の将来性に期待が持てない	26.9%
⑥昇進・キャリアに将来性がない	24.4%
⑦身体的・精神的に健康を損ねた	23.7%
⑧キャリアアップするため	22.5%
⑨経営者や経営理念に合わない	22.5%
⑩仕事がきつい	21.9%
⑪仕事が面白くない	20.3%
⑫採用条件と職場の実態が違った	16.8%
⑬能力・成果を正当に評価されない	15.5%
⑭能力開発の機会が少ない	14.9%

「若年者の離職理由と職場定着に関する調査」
2007年7月（独）労働政策研究・研修機構

※ハローワークに来所した35歳未満の求職者に対して実施した前職の離職理由に関する調査結果（複数回答、上位3位までの合計）

サービス業は、営業時間の長さと正社員と非常勤従業員（パートタイマーやアルバイト）の構成比が原因となります。特に飲食業の場合、店を始めるときに高額の設備投資をしています。それを短期に回収しようとして、営業時間を長くしたり、アルバイトを増したりして、人件費を抑えようとする傾向があります。そのため、正社員は、開店準備から閉店後の片付、レジ締め作業までの勤務を求められるようなことも多く、結果として月間80時間、時には１００時間以上の時間外労働となっているようなこともあります。拘束時間が長いのも問題ですが、残業代が支払われないことが多いため、給料の総支給額を総労働時間で割ってみると（時間外労働は1・25倍で計算）、最低賃金を割ってしまうこともあります。

もちろん、離職率の高さは、あくまでブラック企業の基準の一つであり、一概に「離職率が高い＝ブラック企業」というわけではありません。しかしながら、人材が定着しないのには必ず理由があります。経営者はその理由を客観的に観察し、それをクリアにしていくこと、それこそが、脱ブラック企業の第一歩なのです。

❹の「自分のキャリア・将来性」が見えず、従業員が退職する点については、個人

の主観によるものです。たとえ労働環境が適切であっても、従業員自身の思い描く未来と会社が目指す方向が合わなければ起きてしまいがちな問題です。20代から30代の人たちからよく聞く離職理由です。

この点をクリアするには、採用の時点で、仕事の内容をなるべく分かりやすく事例等を出しつつ会社側が説明をするという努力が必要です。また、口頭の説明だけでなく、求職者に職場見学の機会を与える、または同年代の従業員の話を聞く機会を設けるなど、求職者のイメージと現実のギャップを埋める工夫も必要です。

コラム 従業員のモチベーションアップにつながる理論

最近は、人の心や脳について、さまざまな研究が進められ、新しい心理学の学説や脳科学の分野で、まったく聞いたこともないよう事実が次々に解明されています。

しかし、モチベーションという考え方については、学説の発表から約半世紀を経ても、まったく陳腐化することなく、今でもこの理論が主流であると考えられている学説があります。

有名な「マズローの5段階欲求説」と「ハーズバーグの動機づけ・衛生理論」です。

学説の話ですので、少々堅い話になりますが、従業員の労務管理を行っていくには、ぜひ知っておいた方がよい理論ですので、簡単に説明をします。

人間には自己実現に向かって絶えず成長しようとする働きがあると言われています。これを提唱したアメリカの心理学者アブラハム・ハロルド・マズロー（Abraham Harold Maslow　1908年～1970年）は、人間の本質的な欲求をピラミッド型の5段階に分けて考えました。

人は、三角形の下から欲求が満たされ、順を追ってその上の欲求を満たしたくなるというもので、「自己実現理論」とも言われています。

①生理的欲求……飲食、眠るといった生命維持のための基本欲求
②安全欲求……危険を避けて、安心・安全を求める欲求
③社会的欲求……集団への所属、良好な人間関係などに関する欲求
④尊厳欲求……他者から尊厳・承認を得たいという欲求
⑤自己実現欲求……自己の可能性を追求し、存在意義を示したいという欲求

マズローの欲求5段階説

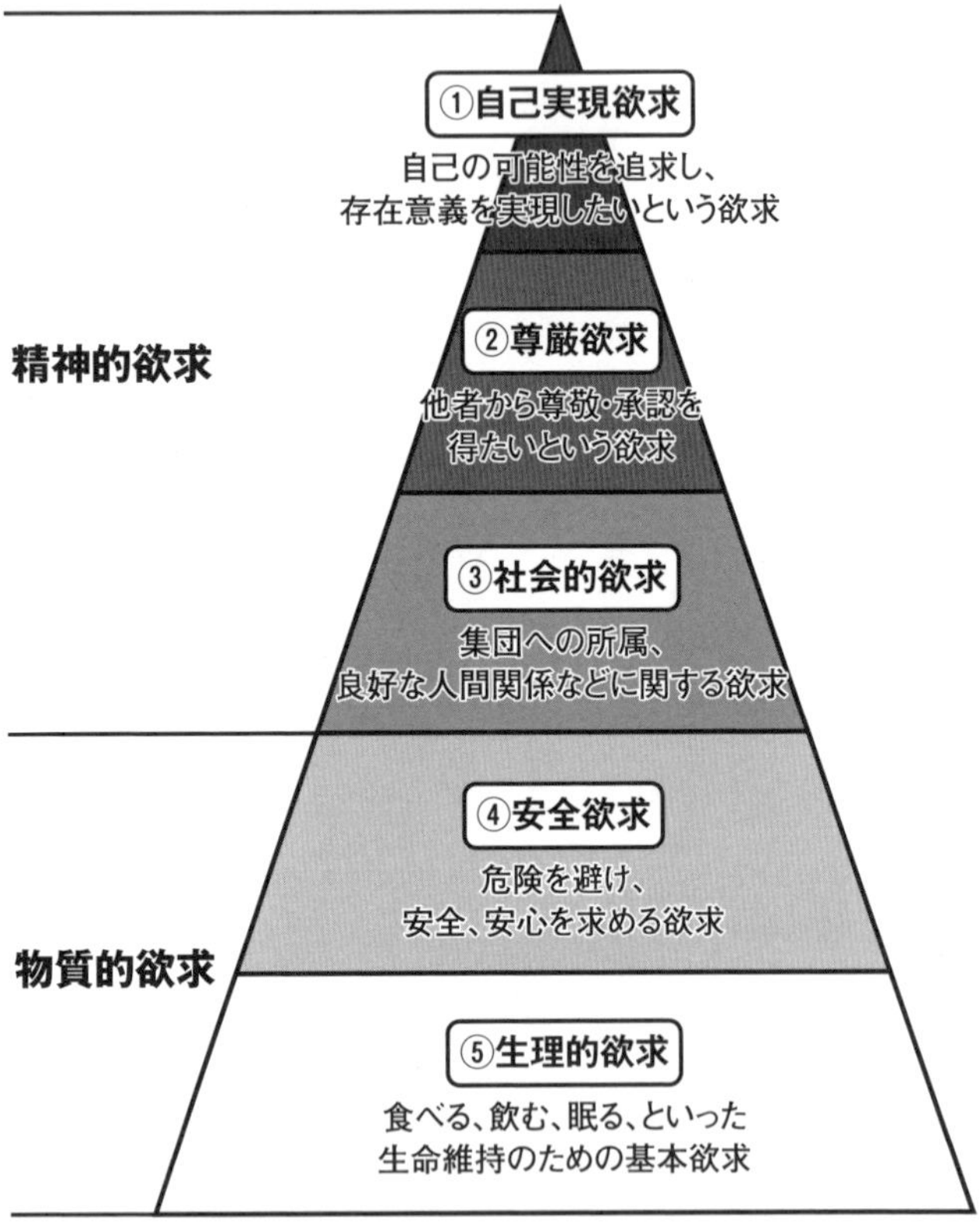

動機づけ・衛生理論（ハーズバーグ）

《衛生要因》の例	《動機づけ要因》の例
会社の方針、作業環境、 対人関係、賃金、 労働時間など	達成するもの、承認されること、 仕事そのもの、能力向上、 自己実現など

このうち、①と②は物質的欲求、③～⑤は精神的欲求になります。

この考え方によると、従業員が自らの可能性を試し最大限に力を発揮するためには、会社がそもそも生活の保障の基礎となる場所であること、そして存在を認めてくれる「居場所」であることが大前提になることがわかります。

もう一方の考え方は、臨床心理学者フレデリック・ハーズバーグ（Frederick Herzberg　１９２３年～２０００年）の「動機づけ・衛生理論（二要因理論）」です。

人間の仕事における満足度は、ある特定の要因が満たされると満足度が上がり、不足すると満足度が下がるということではなくて、「満足」に関わる要因（動機付け要因）と「不満足」に関わる要因（衛生要因）は異なるとする考え方です。

ハーズバーグの理論によると、労働環境など「衛生要因」が満たされなければ不満は高まりますが、それが満たされたからといって満足度が高まるわけではなく、満足度を高めるためには、人から認められるなどの「動機づけ要因」が必要になります。

これら二つの理論は、古くから従業員のモチベーションアップのために活用されてきました。

従業員のモチベーションが下がってるな、と感じたり、もっと頑張ってもらいたいと思ったら、何が足りていないのか、何に対して不満を抱いているのかをこの理論をもとに考えるのも1つの方法です。

3 労働基準法の基本を知っておく

ここで、読者の方々に質問です。

企業経営にあたって、あなたは何が重要だと思いますか?

あまりにも漠然とした問いですので、選択肢を挙げましょう。一般的に企業経営に必要なものに「ヒト・モノ・カネ・情報」があります。この四つの経営資源の中で、あなたが企業経営にもっとも重要だと思うものを一つ選んでください。

実は、この質問に「正しい」答えはありません。なぜなら、重要度は、その会社のステージによって、そして、業種によって変わるからです。

設備投資の必要な業種でこれから起業をしようとしている人は、まず、資金繰りが頭の中のほとんどを占めているでしょう。創業から数年たって、多少経営が安定してくると、多くの経営者は「ヒト」に注目をし始めます。

業種、ステージによっても変わりますが、「ヒト」が重要であると認識している経営者は多いようです。にもかかわらず、日々の経営においては、目先におこる問題やルーティンの仕事を優先し、先送りされがちなのも事実です。

会社の経営に関わる「ヒト」の部分で、経営者にまず知っておいていただきたいのは「労働基準法」という法律です。これは労務管理の基本となる法律であり、会社を守るために必要な知識だからです。

もちろん、経営者は専門家ではありませんから、労働諸法令を完全に覚える必要はありません。ですから、せめて「ここだけ！」という基本を押さえていただきたいのです。

私が考える、知っておいていただきたい基本は次の五つです。

①労働時間の問題
②給与の問題
③休暇の問題

④保険（社会保険・労働保険）の問題
⑤退職の問題

一つずつ詳しく見ていきましょう。

①労働時間の問題

労働時間の基本は、「1日8時間、1週間に40時間」（※特例があります）です。これを超えると俗に言う残業になります。労働基準法では「法定時間外労働」（以下「残業」と言います）という名前がついています。

1週間40時間を超える労働に関しては残業となりますが、2章で説明したように、従業員に残業をさせたい場合は、「サブロク協定」を労働基準監督署に提出しなくてはいけません。

残業の割増賃金の計算式は下記の通りです。

◎法定時間外労働の割増賃金

・1ヵ月60時間超（※1）

時間外労働の時間数（時間）×1時間当たりの賃金（円）（※2）×0・5

・1ヵ月60時間以下

時間外労働の時間数（時間）×1時間当たりの賃金（円）×0・25

◎深夜労働（22時〜朝5時）の割増賃金

深夜労働の時間数（時間）×1時間あたりの賃金（円）×0・25

◎法定休日出勤の割増賃金

休日労働の時間数（時間）×1時間あたりの賃金（円）×0・35

（※1） 1ヵ月60時間超の残業代における割増率は、当分の間中小企業には適用を猶予されることになっています。

（※2） 1時間当たりの賃金＝月給（円）÷1カ月あたりの平均所定労働時間（時間）

月給から除外してよい手当は、以下の通りです。

家族手当、通勤手当、住宅手当、別居手当、子女教育手当、臨時に支払われる賃金、1カ月を超える

【図表6】深夜労働の考え方

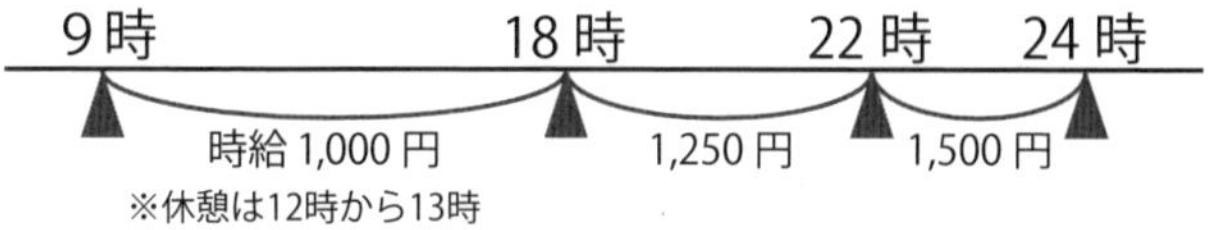

期間ごとに支払われる賃金

一般的に深夜労働は5割増しと言われることがあります。

この根拠は以下の通りです。

注意をする点は、残業における深夜勤務です。

仮に9時始業、午後6時（18時）に就業する会社があったとしましょう。そこに勤務しているE君の時給は１０００円とします。彼が、深夜の12時（24時）まで残業しました。この場合の残業代の計算の仕方です。

18時以降22時までは、通常通り25％増しになります。22時以降24時までは、この時間外の割増に深夜労働の割増25％が上乗せされます。よって、

25％＋25％＝50％

時給換算に対して50％増しにする必要があります。

また、法定休日出勤の場合は、朝9時から35％増しになります。そして深夜労働の22時以降深夜労働の割増25％が上乗せされ、

35％＋25％＝60％

となり、時給換算に対して60％増しになります。

事業を始める際や、年間の事業計画を立てる際に、「うちの会社には残業代を出すようなゆとりはない」と言い、残業はさせるつもりですが、残業代を支払わないことを前提に人件費の計算する人もいます。しかし、それは事業計画そのものに無理があると言わざるを得ません。

未払い残業代を請求されれば、当然支払いの義務が会社に発生します。残業代は最

初から事業計画に盛り込んでおき、それでもきちんと経営が成り立つ計画を立てるべきです。

※「1週間について40時間」の特例

以下の業種については、1週間について44時間まで労働させることができる特例が定められています。

具体的には、常時10人未満の労働者を使用する以下の事業です。

商業（物品の販売、配給、保管若しくは賃貸又は理容の事業）

映画の製作の事業を除く映画演劇業（映画の映写、演劇その他興行の事業）

保健衛生業（病者又は虚弱者の治療、看護その他保健衛生の事業）

接客娯楽業（旅館、料理店、飲食店、接客業又は娯楽場の事業）

②給与の問題

2章でもお話ししたように、日本には最低賃金法という法律があり、毎年10月に都道府県単位、あるいは産業別に最低賃金が改定されます。最低賃金法に違反をすると、労働基準監督署から是正勧告と受けるのはもちろん、悪質とみなされると、書類送検をされたり、50万円以下の罰金が科せられたりします。何より、不足していた賃金は未払い賃金になりますので、従業員から請求を受けることになります。

残業代は払わないが、基本給で換算をすると、最低賃金はクリアしていると説明をする経営者もいます。賃金とは、従業員が「労働の対価」として支払われるものですから、総労働時間を基に計算されます。つまり、月給を1カ月の総労働時間で割った場合、その金額が最低賃金を切っているかどうかが問題になるのです。

日本国憲法第25条には「すべて国民は、健康で文化的な最低限度の生活を営む権利を有する」とありますが、この憲法に基づいて考えられている「人間が人間らしい生活を送るために必要な最低限の賃金」が、最低賃金です。そのため、最低賃金割れはかなり罪の重い違反となります。

参考に未払い賃金が裁判に持ち込まれた場合のリスクについて説明をします。

通常、賃金の時効は2年です。しかしながら、不法行為による消滅時効は3年です。民法の債務不履行による時効は10年です。判例を確認すると、おおむね労働基準法に定められている2年の時効が認められることが多いようですが、場合によっては不法行為による3年の時効を適用されることがあります。

少ない知識と思い込みで未払い賃金は、最大2年しかさかのぼって請求されないと思いこむのは危険であるということを覚えておきましょう。また、裁判になった場合、その未払いが悪質であると裁判所が判断した場合は、同額の付加金の支払いを求められることもあります。

未払い賃金は、経営者が考える以上に、大きな負担になることを肝に銘じておくべきです。

③休暇の問題

年次有給休暇、いわゆる有休は、労働者が請求する時季に与えなければならないと労働基準法で定められています。労働者が申請した時季に有休を取ることで事業の正常な運営が妨げられる場合にのみ、使用者は他の時季に有休を与えることができますが、有休を与えないということはできません。

法律で定められている有休の日数は、【図表7】の通りです。【図表7】からおわかりになるように、正社員でなくパートやアルバイトの従業員にも有休は存在します。パート・アルバイトの有休取得については注意をすべきは、そもそも有休とは所定労働日（出勤すべき日）に取得するもので、本来出勤すべき日以外に取ることはできません。つまり、雇用契約上、月曜日と水曜日にしか出勤しないと決まっているパートであれば、月曜日か水曜日にしか有休は取れません。なお、シフト制の場合は、シフトが決まらなければ所定労働日も決まりません。しばしば見る光景で、従業員がシフトの決まる前に「この日に有休をください」と未来にわたって有休を申請することがありますが、これは間違いということになります。もちろん、有休の申請を会社が拒否することはできませんので、シフトが決定した段階で所定労働日に有休の申請を受けるという形になります。

以前、私は某通信会社のオペレーターとして働いてことがありました。その会社の有休管理が非常に合理的でした。オペレーターがワンフロアに１００名ぐらいいる部署で、３６５日朝9時から夜9時まで稼働していました。２交代制で、早番遅番で

【図表7】年次有給休暇

＜一般の労働者に対する付与日数＞

継続勤務年数	6箇月	1年6箇月	2年6箇月	3年6箇月	4年6箇月	5年6箇月	6年6箇月以上
付与日数	10	11	12	14	16	18	20

＜短時間労働者等への比例付与＞

週の労働時間が 30 時間未満で、所定労働日数が週 4 日以下（年間所定労働日数の場合は 216 日以下）の短時間労働者等の場合は、比例的に付与する。

週所定付与日数	1年間の所定労働日数	継続勤務期間（単位：年）						
		6箇月	1年6箇月	2年6箇月	3年6箇月	4年6箇月	5年6箇月	6年6箇月以上
4日	169日～216日	7	8	9	10	12	13	15
3日	121日～168日	5	6	6	8	9	10	11
2日	73日～120日	3	4	4	5	6	6	7
1日	48日～72日	1	2	2	2	3	3	3

シフトが組まれます。１００名も人がいると、個人の希望を通すことができません。中には、「○月○日はシフトから外してください。できないんだったら、有休をください」と希望する従業員も一人や二人ではありませんでした。

この部署の課長は、きっぱりと割り切り、「シフトを組むにあたって、個人の希望は考慮しません。もちろん、シフトが出た後に有休を取っていただくことは問題ありません。しかし、お休みをされる方は、必ず、仲間に声をかけて、代わりに出てもらってください」という通達を流しました。

従業員レベルで代わりに出ることを交渉することが良いことがどうかは別にして、シフト制における有休の管理の方法として、合理的な方法だと当時思ったことがあります。

小さな介護施設等では、シフトが出る前に、全従業員の希望を聞き、シフトにあらかじめ有休を組み込んだりすることもありますが、人数が多くなってくると、一人一人の希望に合わせられなくなります。どこかで先の通信会社のような制度に変えなければ、会社が従業員の個人的な予定に振り回されることになりかねません。

【図表８】社会保険・労働保険加入一覧

		社会保険		労働保険	
	常用労働者数	健康保険	厚生年金	労災保険	雇用保険
法人	1人〜	○	○	○	○
個人事業主	5人〜	○	○	○	○
	1〜4人	任意加入	任意加入	○	○

ここで、休暇の考え方について説明をします。そもそも有休とは休暇の一種です。労働基準法において、休暇とは、午前0時〜24時の丸1日与える必要があると定められています。よって、有休も、前日より前にあらかじめ申請を受け与えることが正しいと言えます。そこでしばしば問題になるのが、当日の欠勤です。当日申告の欠勤を有休とするかどうかについては、就業規則に明確に記載をしておくことをお勧めします。

④保険（社会保険・労働保険）の問題

ここでいう保険とは、社会保険（厚生年

金・健康保険)、労働保険(労災保険・雇用保険)のことです。

会社が法人格を持っているのであれば、これらの保険にすべて加入していなければ法律違反になります。よく「うちは社会保険に入らないから国保(国民健康保険)に入って」「国民年金にして」という会社がありますが、法人である以上これは許されません。(2章で挙げたエステティックサロンは非常に悪質な違法行為をしているわけです)。

社会保険は、雇用形態に関係なく1週間当たりの労働時間が正社員(通常の労働者)の4分の3以上ある従業員であれば加入させなくてはいけません【図表8】。そして、労働保険のうち、雇用保険は1週間につき20時間以上働く従業員であれば、資格の取得をする必要があります。

ですが、労働保険の中でも労災保険は、いかなる雇用形態の従業員であれ、全員に適用されます。ときどき、パートやアルバイトが勤務中にケガをした場合に「うちは正社員しか労災はおりないよ」という経営者がいますが、これは違法です。

保険料については、四つの保険のうち、労災保険のみ会社が全額を負担します。他の三つの保険のうち、社会保険は労使折半、雇用保険は労使双方が負担をしますが、

【図表９】雇用保険料の負担割合（給料に対する保険料率）

（平成26年度　雇用保険料率）

負担者／事業の種類	① 労働者負担 （失業等給付の保険料率のみ）	② 事業主負担	①＋② 雇用保険料率
一般の事業	5/1000	8.5/1000	13.5/1000
農林水産 清酒製造の事業	6/1000	9.5/1000	15.5/1000
建設の事業	6/1000	10.5/1000	16.5/1000

従業員の方が少々負担料率は低くなっています。【図表９】

最近、業界的に問題になっているのは、建設業です。俗にいう「29年問題」です。建設業では請負という形態が主流です。よって、法人であっても、労働保険や社会保険に加入していない会社も多く存在していました。これにより、さまざまな弊害が起こっています。建設業の人出不足や、業務中に事故で障害が残っても労災が使えない等です。この状況を打開しようと、国土交通省が通達を出しました。すなわち、平成29年までに、建設現場から社会保険に加入していない会社をなくすというものです。小さな会社では、固定費が上がると二の足を踏んでいるところもあるようですが、時は刻々と近づいてきています。事業を続けるかコンプライアンスを守るか早勉決断を求められることになります。

⑤ 退職の問題

退職については、以下の三つの種類を理解しておくとよいでしょう。

・自然退職（定年や期間の満了等）
・自己都合退職
・解雇

特に、これらの種類に応じて、基準を明確に知っておくことが何よりも重要になります。なお、自然退職というのは、定年退職や、有期契約の労働者が期間満了で離職をすること（「雇止め」とも言います）、また休職していた人が期間満了で復帰できず辞める場合も就業規則に明示をしていれば、自然退職になります。

自己都合退職は、文字通り従業員個人の事情による退職であり、解雇は会社が一方的に労働契約の解除を通告することです。労使トラブルになりやすいのは解雇です。会社を辞めさせられるということは、従業員から見れば、定期収入を失う、すなわち生活の糧を失うことになるからです。トラブルになった時、問われるのは、その解雇が、不当か否かという点です。労働契約法という法律には、解雇についてこんな条文があります。

> （解雇）
> 第十六条　解雇は、客観的に合理的な理由を欠き、社会通念上相当であると認められない場合は、その権利を濫用したものとして、無効とする。

不当な解雇とは、この条文でいうところの「客観的に合理的な理由を欠き、社会通念上相当であると認められない場合」の解雇のことを言います。

解雇には、次の4種類があります。

①普通解雇
②懲戒解雇
③諭旨解雇
④整理解雇

普通解雇は、能力不足であったり、心身の障害により、業務を遂行できないと会社側が判断した場合に適用します。

懲戒解雇は犯罪・横領など会社に著しい損害を与えた場合等に適用されます。懲戒解雇で重要なことは、就業規則に記載してある事項に関してのみ有効であるという点です。逆をいえば、就業規則に記載されていない理由で懲戒解雇を行うことはできません（これを限定列挙と言います）。懲戒解雇は、本人の経歴に大きな傷をつけ、将来に影響するという点で、慎重に行うべき処分です。

諭旨解雇は、本来ならば懲戒解雇に相当するほどの問題が従業員にあったにもかかわらず、情状酌量の余地があり、自ら退職届を出した場合に適用します。懲戒解雇と違う点は、退職金が出るということと、履歴にも傷がつかないということです。

整理解雇は、会社の経営状態が厳しいため人員削減をすることを目的に行われる解雇です。

整理解雇と認められるには、以下の四つの要件が必要です。すなわち、

- 会社の経営が厳しく人員整理の必要性があること
- 解雇を回避するために会社が相当程度の経営努力を行ったこと
- 解雇者の人選が客観的かつ合理的であり、公平であること
- 従業員や労働組合に対して十分な説明と協議を行ったこと

です。かつては、この四つをすべて満たしていなければ整理解雇の有効性が認めら

れなかったため、これらを「整理解雇の4要件」と呼んでいました。最近の判例では、四つすべてを満たしていなくても有効であると認められることもあり「整理解雇の4要素」と呼ばれるようになっています。整理解雇の際に一番気をつけるのは、解雇以外に方法はなかったのかをきちんと考えることです。経営陣が必死に経営努力を行った上で、それでも状況が変わらないということであれば、認められることもありますが、ときどき問題になるのは、役員報酬を減らすことなく経営者やその家族は高額な報酬をもらい続け、人員整理に踏み切るケースです。解雇という従業員の生活の糧を奪う行動をとる前に、痛みはまず経営陣からと考えるべきでしょう。

解雇を行う場合は、解雇日の30日前に通告（解雇予告といいます）するか、即時解雇の場合は、30日分以上の解雇予告手当（注）を従業員に支払う必要がありますので、注意をしてください。解雇については、多くの人の知るところになっていますので、解雇予告手当の存在を知らない会社は少なくなってきていますが、いまだに、解雇予告もせず、解雇予告手当も支払わず、即時解雇を行い、トラブルになったという会社もあります。こちらも最低限の知識として覚えておいてください。とはいえ、30日分以上の解雇予告手当を支払えば、安易に従業員を解雇できるというものではありません。民事上のトラブルになる可能性があることは、念頭に置いておいてください。

（注）解雇予告手当30日分とは、平均賃金30日分を指します。なお、平均賃金とは、「直前3カ月に支払われた賃金総額÷3カ月の総日数」によって求めます。

4 〝だいたい〟の契約が悲劇を生む

労働基準法において、会社は従業員を雇い入れる前に「労働条件通知書」を交付しなければならないことになっています。従業員というくくりですので、対象者は正社員、パート、アルバイト等雇用形態を問いません。

このきまりを知らない会社は多く、労働条件通知書はおろか、雇用契約書もかわしていないということを聞きます。「どういう条件で契約をしたか、従業員さんには伝わっているのですか？」と聞くと、どの経営者や人事担当者も胸を張って「口頭で伝えましたから」とか「ハローワークの求人に出した通りの条件で雇っていますから」と答えます。

そもそも、「労働条件通知書」は法律（労働基準法第15条）で決まっていることですので、必ず交付をしなければなりません。

したがって、私は、顧問先には、「労働条件通知書兼雇用契約書」をきちんと文書で作成して、労使双方サインもしくは押印をすべきであるとお伝えしています。労働条件通知書というのは「通知書」という名前がついているくらいですので、会社が一方的に従業員に渡すものです。雇用契約書は「契約書」ですので、契約事項をすべて記載し、労使双方が理解と納得をした上でお互いに押印をするというものです。

通知書レベルの場合、あとから「私は知らなかった。最初の面接と違っている文書を一方的に渡された」と従業員から指摘を受ける可能性があります。「契約書」であれば、お互いに押印をしているため、「知らなかった」ということにはなりません。そこで、「労働条件通知書兼雇用契約書」を作成することをお勧めしているのです。

入社してすぐトラブルになったり、希望に満ちて入社した従業員の会社への不信感が徐々に募ってくるのはこんなケースです。口頭で「給料はひと月○○万円ぐらい。休みは月に6日ぐらい。試用期間は3カ月から6カ月。様子見かな」と会社が伝えた場合です。まさに「だいたいの契約」です。この給料の額は、額面なのか、手取りなのか、また残業代が含まれているのかいないのかもわかりません。こんなとき、労使双方には勝手な思い込みがあります。会社は額面で伝えたつもりで、従業員は手取りのつもりであることが多いのです。その結果、最初の月の給与が振り込まれて初めて、従業員が思っていた金額よりかなり低い賃金であることを知る……そんなケースです。

こんな状況でトラブルにならないわけがありません。

また、契約で重要な点がもう1点あります。それは就業規則です。雇用契約書をきちんと文書で取り交わしても、現在会社に存在している就業規則が雇用契約と違っている場合、こんなことになります。

かねてより不景気で資金繰りが悪化。退職金もボーナスも出さないことを決めました。もちろん、会社には就業規則があり、その一部規定である賃金規程には賞与を7月と12月に支給すると記載されていますし、退職金規程も存在します。しかし、社長は、就業規則なんてずいぶん昔に作ったものだし、従業員はどうせ見ていないに違いないと、深く考えず、雇用契約書を作成していました。賞与なし、退職金なしという文言を入れています。

そうこうしているうちに、ある時、3年ほど働いた従業員から、退職届が出されました。その際、彼が社長に言いました。「社長、俺、実は結構法律に詳しいんですよ。この会社、就業規則にはボーナスも退職金もあり、って書いてあるのに、入社のときもらった契約書にはなしってありましたよね。そういうときって、就業規則が有効になるって知ってました?俺、今までもらえるはずだったボーナスと退職金、それから、残業代でもらってない分があるんで、それも請求します」

彼の言っていることは、法律的に間違っていません。つまり、

「雇用契約において、就業規則で定める基準に達しない部分は無効となり、無効となった部分については、就業規則の定める基準がルールとなる」（参考：労働契約法第12条、

若干わかりやすく文章を改変しています）ということが決まっています。つまり、どれほど雇用契約書をきちんと作っても、就業規則が古かったり、実態と合わない規定になっている場合は、従業員によって、有利な基準が適用されるということになります。

雇用契約は必ず文書で締結をするということと、就業規則を実態に即したものに整えることをお勧めいたします。

5　時には従業員の声に耳を傾ける

会社を経営していると、日々さまざまなことが起こります。

経営陣がいくら知恵を絞っても、打開策が見つからない場合や、策はあってもうまく実行できない場合は、従業員の知恵を借りるのも一つの方法です。

常にトップダウンで経営者や上司から右を向けと言われたら、右を向くという日常を送っていると、人は考えることをやめてしまいます。その結果、「言われなければ何もしない従業員」ができあがってしまいます。何より、経営者と従業員の間にコミュニケーションがないと、信頼関係は作れません。コミュニケーションとは、言語・非言語問わない双方向のやりとりです。一方通行ではコミュニケーションとはいいません。ブラック企業と言われない、健全な経営をするために一番大切なものは、従業員との信頼関係です。

「従業員の知恵を借りること」には三つの目的があります。経営陣のみではなく、従業員の立場から違った目線で考えてもらうという点、そして、従業員に考えるという癖をつけてもらう点、最後に労使のコミュニケーションの一つとして位置付けるという点です。

従業員の声を聞く機会は、経営者自らが声をかけるなどしてもかまいませんが、できれば会社の仕組みとしてシステム化したほうがいいでしょう。たとえば一定の期間に提案を募り、よい提案には報奨金を与えるとか、社内の状態について改善案を提出してもらう制度（目安箱）を作るとか、定期面談を行うなどです。

【図表10】労働条件通知書

（一般労働者用；常用、有期雇用型）

労働条件通知書

年　月　日 殿 事業場名称・所在地 使 用 者 職 氏 名	
契約期間	期間の定めなし、期間の定めあり（　年　月　日～　年　月　日） ※以下は、「契約期間」について「期間の定めあり」とした場合に記入 1　契約の更新の有無 ［自動的に更新する・更新する場合があり得る・契約の更新はしない・その他（　　）］ 2　契約の更新は次により判断する。 ・契約期間満了時の業務量　・勤務成績、態度　・能力 ・会社の経営状況　・従事している業務の進捗状況 ・その他（　　）
就業の場所	
従事すべき業務の内容	
始業、終業の時刻、休憩時間、就業時転換((1)～(5)のうち該当するもの一つに○を付けること。)、所定時間外労働の有無に関する事項	1　始業・終業の時刻等 (1) 始業（　時　分）　終業（　時　分） 【以下のような制度が労働者に適用される場合】 (2) 変形労働時間制等；（　）単位の変形労働時間制・交替制として、次の勤務時間の組み合わせによる。 始業（　時　分）　終業（　時　分）（適用日　） 始業（　時　分）　終業（　時　分）（適用日　） 始業（　時　分）　終業（　時　分）（適用日　） (3) フレックスタイム制；始業及び終業の時刻は労働者の決定に委ねる。 （ただし、フレキシブルタイム（始業）　時　分から　時　分、 （終業）　時　分から　時　分、 コアタイム　時　分から　時　分） (4) 事業場外みなし労働時間制；始業（　時　分）終業（　時　分） (5) 裁量労働制；始業（　時　分）　終業（　時　分）を基本とし、労働者の決定に委ねる。 ○詳細は、就業規則第　条～第　条、第　条～第　条、第　条～第　条 2　休憩時間（　）分 3　所定時間外労働の有無（　有　，　無　）
休　日	・定例日；毎週　曜日、国民の祝日、その他（　　） ・非定例日；週・月当たり　日、その他（　　） ・1年単位の変形労働時間制の場合－年間　日 ○詳細は、就業規則第　条～第　条、第　条～第　条
休　暇	1　年次有給休暇　6か月継続勤務した場合→　日 継続勤務6か月以内の年次有給休暇　（有・無） →　か月経過で　日 時間単位年休（有・無） 2　代替休暇（有・無） 3　その他の休暇　有給（　　） 無給（　　） ○詳細は、就業規則第　条～第　条、第　条～第　条

（次頁に続く）

賃　金	1　基本賃金　イ　月給（ ハ　時間給（ ニ　出来高給（基本単 ホ　その他（ ヘ　就業規則に規定さ 2　諸手当の額又は計算方法 イ（　手当　円　／計算 ロ（　手当　円　／計算 ハ（　手当　円　／計算 ニ（　手当　円　／計算 3　所定時間外、休日又は深夜労働に イ　所定時間外、法定超　月６０ 月６０ 所定超　（ ロ　休日　法定休日（　）％ ハ　深夜（　）％ 4　賃金締切日（　）－毎月　日 5　賃金支払日（　）－毎月　日 6　賃金の支払方法（ 7　労使協定に基づく賃金支払時の 8　昇給（時期等 9　賞与（　有（時期、金額等 10　退職金（　有（時期、金額等
退職に関する事項	1　定年制　（　有　（　歳）　，　無　） 2　継続雇用制度（　有（　歳まで）　，　無　） 3　自己都合退職の手続（退職する　日以上前に届け出ること） 4　解雇の事由及び手続 〔　　〕 ○詳細は、就業規則第　条～第　条、第　条～第　条
そ　の　他	・社会保険の加入状況（　厚生年金　健康保険　厚生年金基金　その他（　　）） ・雇用保険の適用（　有　，　無　） ・その他〔　　〕 ※以下は、「契約期間」について「期間の定めあり」とした場合についての説明です。 労働契約法第18条の規定により、有期労働契約（平成25年4月1日以降に開始するもの）の契約期間が通算5年を超える場合には、労働契約の期間の末日までに労働者から申込みをすることにより、当該労働契約の期間の末日の翌日から期間の定めのない労働契約に転換されます。

※　以上のほかは、当社就業規則による。
※　労働条件通知書については、労使間の紛争の未然防止のため、保存しておくことをお勧めします。

※この通知書はモデルであり、労働条件の定め方によっては、この様式どおりである必要はありません。

※保険毎日新聞社のホームページ（http://www.homai.co.jp/）でサンプルをダウンロードできます。

改善提案制度の場合、大事なのは制度を作ったらそれを告知して提案がどう扱われたかをオープンにすることです。目安箱は、定期的に必ず開いて（開くのが経営者本人だと握りつぶされているんじゃないかという懸念を抱かれることもありますので、できれば人事部など経営者以外の担当をつけるといいでしょう）、よい案はまず実行してみることが大切です。

また、定期面談を行うのであれば、少なくとも3〜6カ月に1度は行いたいものです。

ここで大切なのは、定期面談は必ず勤務時間内に「業務」として行い、きちんと「困ったことはないか」とか「最近の状況」などを聞くことです。

最近パワーランチと称して、昼食を一緒に取りながら面談を行うことも流行しているようですが、私は、これをお勧めしません。

かつて、私が製造業でOLをしていたころ、取締役が、あちこちの事業所へ行き、昼食をとりながら、従業員の意見を聞くということを熱心に行っていました。しかし、取締役の知らないところで、その評判は散々でした。「緊張のあまり、食事の味もわからない」「取締役がしゃべりっぱなしで、おもしろくない」「昼休みは休み時間なのに、まったく休めない。残業代としてお金をもらいたいぐらい」ひどいセリフになると「食事がまずくなる」というものまでありました。取締役本人は、従業員からいろいろな話を聞けて良かったと言っていたそうですが、裏では「あんなところで本音を話せるわけがない」という従業員も多かったのです。

たまには経営者が従業員に食事やお酒を振舞うなどの工夫をして、ざっくばらんな雰囲気で意見をきくというのも趣向が変わってよいかもしれません。しかし、「面談は食事の席で」としてしまうのは、いかがなものかと思います。

正式な面談はきちんと別に時間をとるようにしましょう。

6 精神疾患もハラスメントも初動がすべてを決める

従業員が精神疾患に罹った場合も、社内で起きるハラスメント行為も、会社はとくにかく後回しにせず、迅速に対応することが大切です。いずれも放置することにより事態が悪化する可能性が高いからです。

精神疾患

精神疾患の場合、個人的な事情からなる場合もありますし、仕事が原因という場合もあります。

精神疾患を早期発見するには、三つのポイントがあります。

①残業時間が突出して多かったり、遅刻・早退・欠勤が目立つ人に対して観察をすること

②情報を社内で共有できる体制にしておくこと

③精神疾患はだれでもかかる病気であることや初期症状にたいする知識を教育しておくこと（これをメンタルヘルス研修といいます。研修には、一般の従業員向けのセルフケア研修と管理職向けのライン研修があります）

これらのことができていなかった会社で起こった不幸な事例があります。

100名あまりの製造業で、拠点は三つ。精神疾患にかかった女性は勤続20年、東京本社で営業のアシスタントの職に就いていました。取立てて能力が高いというわけではありませんでしたが、真面目で気働きのできる女性でした。

その彼女が、ある時から残業時間が突出して長くなりました。当時東京本社で1カ月の時間外労働が60時間を超える人はほとんどいませんでした。事務の女性はもちろん、営業の男性ですらも、せいぜい50時間程度のものでした。にもかかわらず、彼女の残業時間だけが長いのです。一カ月80時間から100時間が恒常的に行われているようでした。

これに対し、営業部の部長も周りの課長も何もいいません。ただ、総務部に漏れ伝わってくるのは「あの人、最近ミスがおおいよね。仕事頼んでもぜんぜん進まないし。頼むのやめようと思うの」という同僚の陰口でした。

100時間超えの残業が半年程続いたころ、やっと総務の女性がもしかすると彼女は精神疾患にかかっているのでは？と気づきました。直接話をしてみると、あいさつ程度であれば問題はありませんでしたが、仕事の内容になると、しどろもどろです。わからないことを隠そうとあいまいな受け答えをするので、ますます仕事が進まないという状況に陥っていた様子でした。

総務の女性は、すぐに総務部長に報告し、個人面談の場を設けるよう依頼をしました。面談をすれば、様子が普段と違うことは一目瞭然です。結局、その場で総務部長が病院への診断を勧め、診断書を提出するように言いました。

診断書の内容は、「しばらく休養を要する」というものでした。

結局、精神疾患に対する十分な知識も持っていなかった総務部長は、彼女に「辞めるか休職をするか」と少々厳しい口調で迫ったそうです。そして、その結果……彼女は会社を自ら辞めていきました。

これを読んで、問題社員が辞めてくれてよかったじゃないか。と思った経営者の方少々問題ありです。本来ならきちんと仕事をこなせるベテラン社員と同じスキルを新人が身につけるまでにどれほどのお金と時間がかかるか、長い間会社に尽くしてくれた従業員の生活がどうなるか考えていただけると、その理由がお分かりになるでしょう。

メンタルヘルス教育は、精神疾患に対する正しい知識を従業員にもたらします。その結果、従業員同士思いやりが深くなり、早期発見につながります。少なくとも「あの人変だよね」という陰口が飛び交う場面を防止できます。また、異変に気づいたとき、誰でもが担当部署（総務や人事）に伝えられるようなシステムを作っておくべきです。そうすることによって、最悪の事態（本人が希望をしていないのに、会社を辞めざるを得ない状態）を避けることができるのです。

精神疾患については、原因が業務に原因があるのであれ、私傷病であれ、初動は同じです。早期発見をし、防止するということには変わりありません。対応がかわるのは、実際に休職をする際です。休職する際の生活補償となる糧が労災保険になるのか、健康保険の傷病手当金になるのか、という問題です。また、業務上の理由により疾患にかかった場合は、療養のための休業期間およびその後30日間は解雇できません。私傷病の場合は、就業規則の休職の規定がどうなっているかで、対応が変わります。今一度、会社の就業規則を確認してみてください。

精神疾患に対しては、早期発見が大切です。とはいえ、経営者が従業員すべてに目を配ることは難しいでしょう。そのために重要になってくるのが上司や同僚など、職場の人間関係です。従業員同士のコミュニケーションを促し、人間関係を良好に保つことで身近にいる人間が仲間の異常をいち早く見つける、そして見つけた異常をいち早く経営者に報告・相談して、すみやかにかつ適切に対処することができるようになります。疾患に罹った従業員の早期発見のためだけでなく、悩みが理解されないための孤立化や症状の悪化を防ぐためにも、社内の人間関係を良好に保つ必要があるのです。

ハラスメント

会社において問題となるハラスメントは主に、性的嫌がらせであるセクシュアルハラスメント、職務上の地位など優位性を背景に精神的・身体的苦痛を与えるパワーハラスメント、被害者本人にしかわからないような陰湿な嫌がらせを続けるモラルハラスメントがあります。最近、市民権を得た言葉としてマタニティハラスメントもあります。

いずれのハラスメントにおいても、大切なのは、経営者がハラスメントの規定をきちんと知っておくこと、そして申し出があった場合は、担当者は中立の立場を保ちつつ、事実関係を客観的に調べることです。

社内でハラスメントが起きていることがわかったら、迅速に当事者、そして第三者である周囲の従業員に事実確認を取りましょう。つい被害を申し出た側からの話を重点的に聞いてしまいがちですが、中立の立場を保って冷静に調査するようにしてください。その上で公平に精査して、処分を決定します。

もし会社の初動が迅速でなく、調査が適当かつ不平等だった場合はどうなるでしょうか?

被害者がハラスメントを原因とした精神疾患に罹る場合もありますし、退職してしまうこともあります。またハラスメントが個人的な恨みによる嫌がらせで、事実無根であったにもかかわらず、申し出た者に肩入れすると、訴えられた側も辞めざるを得ない状況に陥ります。

会社は、社の内外に大きなデメリットを被ることとなります。

社内の問題では、今まで育ててきた従業員が辞めていく可能性があるということです。そして、会社の判断が公平性を欠く場合、当事者のみならず他の社員からの信頼まで会社は失いかねません。ハラスメント対策で、実は会社がもっとも気を付けなければならないのは、当事者以外の従業員のモチベーション管理です。従業員は、事が起こった時に、公正な調査を怠り思い込みで従業員を「切り捨てる」のか、冷静かつ客観的にことに対処しようとするのかをじっくり見ています。その対応いかんによっては、会社を信じられなくなり辞めていくという選択をとる従業員もいます。

社外側のデメリットは､訴訟が起こった場合のリスクです。最近でも全国版のニュースで報道されたのは、広島市の医療法人によるマタニティハラスメント事件です。元理学療法士の女性が妊娠を理由に管理職から降格されたのは違法であると訴えを起こしました。一審、二審とも降格を適法とされていましたが最高裁で高裁へ差し戻す判決がでました。この病院名がインターネット上で話題になりました。

また、平成20年には、地裁レベルでしたが、プラダ日本法人の元統括部長が不当解雇とパワーハラスメントについて訴訟を起こしています。

会社にとってのもっとも大きなリスクは、企業名が世間に悪いイメージで知られてしまい、それが定着することです。臭いものにはふたをする、という経営者もいますが、最悪の事態を避けるためにもハラスメントについては、会社が誠実は対応をして行くことが大切です。

職場におけるセクシュアルハラスメントを防止するために事業主が雇用管理上講ずべき措置とは

1 事業主の方針の明確化及びその周知・啓発

(1) 職場におけるセクシュアルハラスメントの内容・セクシュアルハラスメントがあってはならない旨の方針を明確化し、管理・監督者を含む労働者に周知・啓発すること。

(2) セクシュアルハラスメントの行為者については、厳正に対処する旨の方針・対処の内容を就業規則等の文書に規定し、管理・監督者を含む労働者に周知・啓発すること。

2 相談(苦情を含む)に応じ、適切に対応するために必要な体制の整備

(3) 相談窓口をあらかじめ定めること。

(4) 相談窓口担当者が、内容や状況に応じ適切に対応できるようにすること。また、広く相談に対応すること。

3 職場におけるセクシュアルハラスメントに係る事後の迅速かつ適切な対応

(5) 事実関係を迅速かつ正確に確認すること。

(6) 事実確認ができた場合は、行為者及び被害者に対する措置を適正に行うこと。

(7) 再発防止に向けた措置を講ずること。(事実が確認できなかった場合も同様)

4 1から3までの措置と併せて講ずべき措置

(8) 相談者・行為者等のプライバシーを保護するために必要な措置を講じ、周知すること。

(9) 相談したこと、事実関係の確認に協力したこと等を理由として不利益な取扱いを行ってはならない旨を定め、労働者に周知・啓発すること。

(出典:「男女雇用機会均等法のあらまし」より抜粋、厚生労働省)

7 一番大事なのは「辞める」とき

よく「結婚は勢いでできるが、離婚するときはパワーを消耗する」という話を聞きます。この言葉を聞くたびに、私は、退職も離婚と同じであると思います。離婚が慰謝料や資産分割、親権などでもめるように、退職においてもきれいに別れないと後々大きなトラブルに発展することになります。

先の退職の項目で詳しくお話ししましたが、退職の際は、自己都合退職なのか解雇なのか、その種類をはっきりしておく必要があります。

普通解雇や懲戒解雇の場合は会社に責任がないか、整理解雇であれば満たすべき4要件（216頁）を満たしているか、厳しく精査したうえで慎重に解雇を決めましょう。訴訟や慰謝料請求など、後々の大問題を防ぐためにも何にもまして注意すべきポイントです。

会社都合退職の中には、解雇の他に、「退職勧奨による退職」というものがあります。

これは会社が辞めることを従業員に提案をし、双方合意のもとに退職をしてもらう方法です。通常は、会社側が、退職金を上乗せで支払うことを提示したり、あくまでも会社都合退職になるため、雇用保険の失業等給付は3カ月の給付制限を経なくてももらえるというようなことを説明し、穏便に解決をすることが多いです。退職勧奨において注意をすることは、こちらもまた言った言わないともめる原因になりますので、最後に「退職合意書」をかわすことです。こちらに記載をすることは、

- 退職日
- 解決金（支払うのであれば）と支払先および支払日
- 機密保持（会社の機密に関することを漏らさない、双方不利なことを吹聴しない等）
- 労働債務債権の有無

等です。2通作成して、労使双方が押印、1通ずつを保管するようにしましょう。

また、退職勧奨をする際に普通では考えられないような異動や降格を強いるような人事権の濫用や複数で対象者一人を囲んでの圧迫面接を行えば、「退職勧奨」の域を

超えていると見なされますので注意をしてください。

昨今、恋人同士が別れ話のもつれから殺人事件や傷害事件に発展する恐ろしいが事案相次いでいます。別れ際が大事なのは、男女間の中だけではなく、会社も同じです。終わりよければ全てよしです。退職のときほど、きれいに問題なくきれいに別れられるように気を付けましょう。

8 ブラック企業と言われないために

ブラック企業と言われないために大事なのは、次の2点です。

①経営者が従業員も自分と同じ「人間」であることを認識し、大切にする

②最低限の法律を学び、遵守する方向で経営を行う

①は、これまでに何度もお話ししてきたように、何より大事です。

2章で前述したように「ブラック企業」と言われてしまう側面には、ブラック企業と考えられやすい「賃金の安さ・労働時間の長さ・いやがらせ」が、従業員の主観によることが大きいという背景があります。ですから、従業員を大切にし、信頼関係を築けていれば、少々労務管理に問題があっても、大きなトラブルには発展しません。従業員を大事にし、信頼関係を築く。ブラック企業と言われないためには、一にも二にもこれに尽きます。

信頼関係を築くのは難しく、時間もかかりますが、壊れるのは一瞬です。よく見られる例として、長年勤めてくれた従業員に対して経営者の甘えがつい出てしまい、個人的ないら立ちから当たってしまったりして信頼関係が崩れてしまったというケースです。従業員が話しかけたのに無視したり、つっけんどんな態度を取ってしまったり……。

これは経営者からしたら無意識かもしれませんし、信頼しているからつい、といったところかもしれません。しかし、相手はあくまで自分とは違う個性や価値観をもった人間であるということを忘れてはいけません。「彼らは俺のやり方をわかっている」などというのは単なる思い込みであることが多いのです。

②は、労働基準法を学んでいただくのが一番ですが、とにかく大事なのは「一般常識で考えて違法っぽいと思われることをしない」ということです。

経営者同士で話しているときに、明らかに違法なことをしても「そんなのうちもやってる」「それは当たり前だよ」というセリフを聞くことがあります。話している本人の表情を見てみると、妙な安心感を覚えているような雰囲気を醸し出しています。最初は、よくわからなくてとか、大丈夫かな?と思って始めたことが、雪だるまが転がるように加速して膨らんでいくことがあります。そうならないためにも、経営者や業界の常識ではなく、世間一般の常識の範囲内で行動するよう心がけてください。

高度経済成長期には、サービス残業もいとわない「企業戦士」が会社の主戦力でした。しかし、現在は、非正規雇用のパートタイマー、アルバイト、そして派遣社員などさまざまな雇用形態の従業員で会社は成り立っています。そういう意味で労務管理はかつてないほど複雑かつ大変になっています。

現代は、以前の価値観が通用しない時代に突入しています。だからこそ経営者や会社の労務管理に携わる人は、信頼関係を土台にして企業経営を行わなければならないのです。

かつて自分が置かれていた環境を当然と思わず、時代に応じた変化をいとわないこと。経営者としてその精神を持つことを決して忘れないでください。

第6章

ブラック企業体質を脱却しハッピーカンパニーになるために

1 ホワイト企業を目指す間違い

これまで、「ブラック企業とよばれないため」の方法をご紹介してきました。これらは、企業の状態をマイナスからゼロにする方法です。しかし、本当に多くの経営者は「ブラック企業と呼ばれない」ことを望んでいるのでしょうか？

私は数多くの経営者と出会い、悩みを聞き、会社をよくするお手伝いをしてきました。その中で感じたことは、たとえどんな経営者であっても、良識のある人であれば、決してマイナスからゼロにするために会社を経営しているのではなく、せめてゼロをプラスに、できればより高みを目指したいと考え、経営をしています。

では、企業の目指す先は「ホワイト企業」なのでしょうか？

「ホワイト企業」とは、コンプライアンスを守り、従業員を大事にする会社のことです。経済産業省の定義によると、これに女性が働きやすい会社という定義が加えられます。

一見、「ホワイト企業」は耳触りの良い素晴らしい会社に思えます。

しかし、この「ホワイト企業」の考え方は重要なことを見落としています。

資本主義の世界において、企業経営の目的とは何でしょうか?

一般的によく言われていることに「利潤の追求のため」ということがあります。また、企業とは営利組織であるとも言われます。

もちろん、極端な利益至上主義、すなわちコンプライアンスは無視、従業員の健康を無視して儲けることのみにフォーカスするという考え方は間違っていますが、利益を生み出すことや市場における努力を忘れて、まず従業員を大切にしようとか、女性が働きやすい職場を作るということを1番に主張をすることは、会社の根本的な在り方として私は間違っていると考えています。

私が考える企業の目指す姿とは、利益の上がる仕組みのもとに、経営者も従業員も本人の納得出来る給与で、働き甲斐を感じ、仕事を通じて社会貢献している実感があり、各人の自己実現を図っていく、そんな姿です。こんな会社を私はハッピーカンパニーと呼んでいます。

もう少し平たく言うと、経営者も従業員も常にハッピーな気分を感じながら働いている会社です。

私が考えるハッピーカンパニーの条件は3つです。

・財務的な体力がある
・経営者も従業員も、ステークホルダー（利害関係者）も心が満たされている
・コンプライアンスが守られている

ハッピーカンパニーとは、経営者も従業員も、お客様も、みんなその会社に関わることで「幸せ」を感じる会社のことです。「幸せ」の定義は人それぞれ違いますので、ここで、明確な定義づけをする気はありません。上記の条件を満たし、その人自身がハッピーだと感じられれば、それでよいと思っています。

今迄述べてきたとおり、いったんブラック企業という烙印を押されると、悪循環にはまり、企業イメージが悪化の一途をたどり、企業として立ち行かなくなることもあ

ります。

とはいえ、今現在、内外のさまざまな要因から、マイナスの悪循環にはまっている会社も多いでしょう。実際に、筆者の周囲の会社においても、あらさまに「法律を守っていたら経営なんかできない」と豪語している経営者もいます。労働基準監督官に「残業代を払ってください」と指摘をされ、「ふざけるな！」と憤る経営者もいます。しかし、そんなことを言う経営者は心の底から、その状態を望んでいるのでしょうか？いつ労働基準監督署に踏み込まれるかわからない、ユニオンから団体交渉申し入れ書が届くかどうかわからない、不安定な状態で、経営を続けたいと本心から望んでいるのでしょうか？

今、ブラック企業に近い状態で経営をしている経営者に、かつて自分が創業をしたとき、もしくは先代から事業を引き継いだとき、どんな気持ちで事業を始めたのか、もう一度思い出していただきたいと思います。最初からブラック企業にしようとして創業する人はいません。もし今そんな現状の会社であれば、少しずつ何かがずれていったのです。もしかすると、創業時、資金繰りが苦しく、法律というものがあるとは知りつつ、片目をつぶってごまかしながら経営を続けてしまったのかもしれません。先代から会社を引き継いだ時にすでにそういう状況だったのかもしれません。業界そのものがコンプライアンスには疎く、周りの経営者から「法律なんてだいたいにやっていれば、問題はおこらない」と聞いていたのかもしれません。その結果、ずいぶん経って、後戻りをしようとしても、長い間続けてきた悪しき慣習からはまって抜けられない状況に陥っているかもしれません。

いったん悪循環にはまってしまえば、それから抜け出すには、強い決意と大きな一歩が必要です。何もせず、そのうち何とかなるということはまずありません。

今、マイナスの状態にある会社は、エンジンをかけ、アクセルを踏みましょう。その一歩として、過去自分が経営者になったとき、何を目指して、どんな会社にしたいと思って始めたのかを思い出していただければ、よりモチベーションが高まるかも知れません。

何かのせいにして、ごまかした経営をやめる決意をすること。会社に関するすべての責任は自分が取る覚悟をすること。

それがハッピーカンパニーを作る第1歩です。

2 ハッピーカンパニーの条件

その会社がハッピーカンパニーかどうかの判断をするのは、経営者ではありません。マーケティングの世界の言葉で表現をするなら「商品を購入するのはお客様であり、その商品の価値を決めるのは市場」です。つまり、ハッピーカンパニーかどうかについては、その会社で働く従業員や会社に関わる取引先やお客様が決めるということになります。

前項で3つの条件を記載しました。

- 財務的な体力がある
- 経営者も従業員も、ステークホルダー（利害関係者）も心が満たされている

・コンプライアンスが守られている

これらをもう少し掘り下げて考えてみます。

財務的な体力がある

この条件を見た瞬間に、結構厳しい条件だなと思われた方もいらっしゃるかもしれません。国税庁の発表によると、平成24年度の黒字申告企業の割合は、わずか27・4%です。もちろん、この数字はあくまでも申告時点での数字ですので、単年度で見て決算の数字が黒字でも、赤字の繰越金を入れることによって、赤字申告になっている会社もあります。しかしながら、黒字申告企業が約4分の1となると、日本の企業の多くが財務的な体力があるとはいえなくなります。

それを踏まえて、この条件を1番目に挙げた理由があります。それは、従業員に支払う給料も標準以下で役員報酬も雀の涙、経営者の頭の中は常に資金繰りのことでいっぱいとなると、経営者自身が正しい経営判断もできにくくなりますし、精神的に不安定になるからです。もちろん、黒字経営で内部留保もある程度ある会社であっても、経営者の悩みの種はオカネです。それは、今が良くてもいつどうなるかわからないという不安がついて回るからです。

お金の不安をなくすためには、経営者が経営状態をリアルタイムに把握し、キャッシュフローについても、経営者がきちんと理解をしている必要があります。意外に多い事例として、決算上の数字が黒字にもかかわらず、キャッシュがショートするというパターンです。つまり、現金がなくなるまで、経営者が気づかないという状況です。以下はある時知り合いの経営者から聞いた言葉です。

この経営者は、「おカネのことは、すべて税理士先生に任せているから問題ないはず」と常に言っていました。にもかかわらず、ある時こんなことを依頼されました。

「税理士にカネのことを任せていて、黒字で問題ないってずっと言われてたんだ。なのに、この前ボーナスを払おうとしたら、手持ちの現金が足りないっていうんだ。うちの税理士は頼りないよ。ほかの税理士に変えたいから紹介して」

この言葉を皆さんはどう思われるでしょうか?

私はこの経営者と話をしながら、心の中で思いました。

キャッシュの管理は経営者の仕事です。月にわずか3万円か5万円程度の顧問料で、経営の根幹をなすキャッシュの管理まで求められたら、税理士さんも気の毒です。税理士の仕事は、税金を計算することです。キャッシュの管理は当然経営者がおこなうべきでしょう。

最終的な経営の判断を経営者が下すのですから、当然、財務状況もきちんと経営者が把握をしておくべきです。これができてこそ、売上や利益を上げるための計画や戦略を考えることもできるというものです。

このリアルタイムにお金の流れを把握する方法として、コラム（135頁）に書いた「会社のお金の流れ」を参考にしてください。コラムのブロックパズルを提唱した和仁達也氏は著書『超★ドンブリ経営のすすめ』（2013年 ダイヤモンド社）で、「社長が会社を経営する上で、決算書が読めなくても、数字に苦手意識を持っていても大丈夫」「会社の数字が正確に読めることと、正しい経営判断ができることは、別の能力」と言っています。つまり、リアルタイムにお金の流れを把握するために、決算書の細かい数字をすべて理解する必要はないのです。財務的に体力をつけるには、まずお金の流れの把握をすることから始まります。

心が満たされている

お金の次は心の充足です。

ハッピーカンパニーでは、これが要の条件になります。

１９８０年代にＣＳ（Customer Satisfaction＝顧客満足）という考え方が生まれ、日本に輸入されました。今ではすっかり市民権を得た言葉です。最近は、ＣＳはＥＳからとも言われ、ＥＳ（Employee Satisfaction＝従業員満足）が問われるようになりました。

つまり、商品を買っていただくには、お客様に満足していただかなければならず、お客様に満足していただくには、従業員が仕事を楽しいと感じ、この仕事を通して人の役に立っていると思えるような充足感を感じていなければ、真のＣＳは提供できないということです。このことは事実でしょう。最近よく「お客様を感動させる」という言葉が使われます。よく使われる事例に「東京ディズニーリゾート」があります。

2万人を超える従業員の9割がアルバイトスタッフであり、それほど時給も高額ではありません。しかしながら、アルバイトスタッフの募集をすると、いつも応募者が殺到し、そのほとんどの人が「ディズニーリゾートが好きだから」という理由で応募をしています。「自分が大好きなところで、大好きな人たちと、大好きな仕事をしたい」これが働くことの原点ではないでしょうか。それを叶える場所が、彼ら彼女らにとってディズニーリゾートというわけです。もちろん、応募の時点でモチベーションの高い人たちのモチベーションを維持させる施策を行っています。

職場環境の多くを占めるのは、人間関係です。ディズニーランドでは、キャスト同士がお互いに良いところを認めあうことができるための方法として「スピリット・オブ・東京ディズニーリゾート」という制度を作っています。素晴らしい行動をしているキャストを、キャストが認め合い、カードを送るというシステムです。この制度は、ディズニーリゾートのみではなく、今や、多くの日本企業で取り入れられています。日本航空の「サンクスカード」、ザ・リッツ・カールトン東京の「ファーストクラス・

カード」等が有名です。

人は「他人」を認識するときに、つい、相手の良くないところ、自分に対して攻撃性の強い部分を見てしまいがちです。これは、そもそも原始時代からつちかわれた外敵から自分の身を守るための重要な防衛反応とも言えます。よく人間関係をよくするには「相手の良いところを見なさい」と言いますが、この点については、自分でかなり強く意識をしなければなかなかできないことなのです。それを前述の会社は制度化しています。

ESを高めていくには、

【環境】

- 人間関係がよい（各個人に居場所があると感じられる）
- 経営者が従業員を大切にしており、それが伝わっている

【従業員の内面】

- 仕事が楽しいと感じている
- 労働時間に関わらず、従業員が仕事に充実感を感じている

・その会社で働くことが社会貢献につながることである（自分は人の役に立っている）と実感している

ことが大切です。これらを経営者の気分や、タイミングで何となく行うのではなく、前述の会社のようにシステムとして組み入れることが重要になります。

コンプライアンスが守られている

日本には1200ほどの法律が存在し、その内容すべてを把握することはできません。しかしながら、企業としてブラック企業と呼ばれないくらいの労働諸法令の遵守や個人情報の取り扱い、そして、偽装を行わないということは必要です。

法律違反を前提に、どれほど素晴らしい理念を唱えても、ひとたびそれがはがれれば、後ろ指をさされる原因となります。筆者の知っている経営者にマスコミにも取り上げられる経営者がいます。フェイスブックの記事を拝見すると、非常に華やかなご活躍をしているようです。しかし、その実情は、社会保険にも入っていず、財務状態は大赤字。政府からの補助金を資金繰りにしています。通常助成金は法律違反をしている会社には出ませんが、経済産業省管轄の補助金は、そのあたりかなり緩いらしく、きちんと調べていないようです。「法律違反をしている場合、助成金や補助金は出ません」と私が伝えたところ、「審査をする行政に問題なしと言われました」と逆にその経営者に応えられました。

マスコミに取り上げられることと、ハッピーカンパニーと言えることは別のことです。前述のたかの氏やワタミの渡邉氏のように、マスコミの寵児のように取り上げられた結果、あとからコンプライアンス違反が取り上げられ、有名人ゆえにその信用が失墜することもあります。

ハッピーカンパニーは華やかである必要はありません。むしろ、堅実であれと、私は考えています。

3 ハッピーカンパニーを創るための6つのステップ

【図表11】ハッピーカンパニーの創り方　6つのステップ

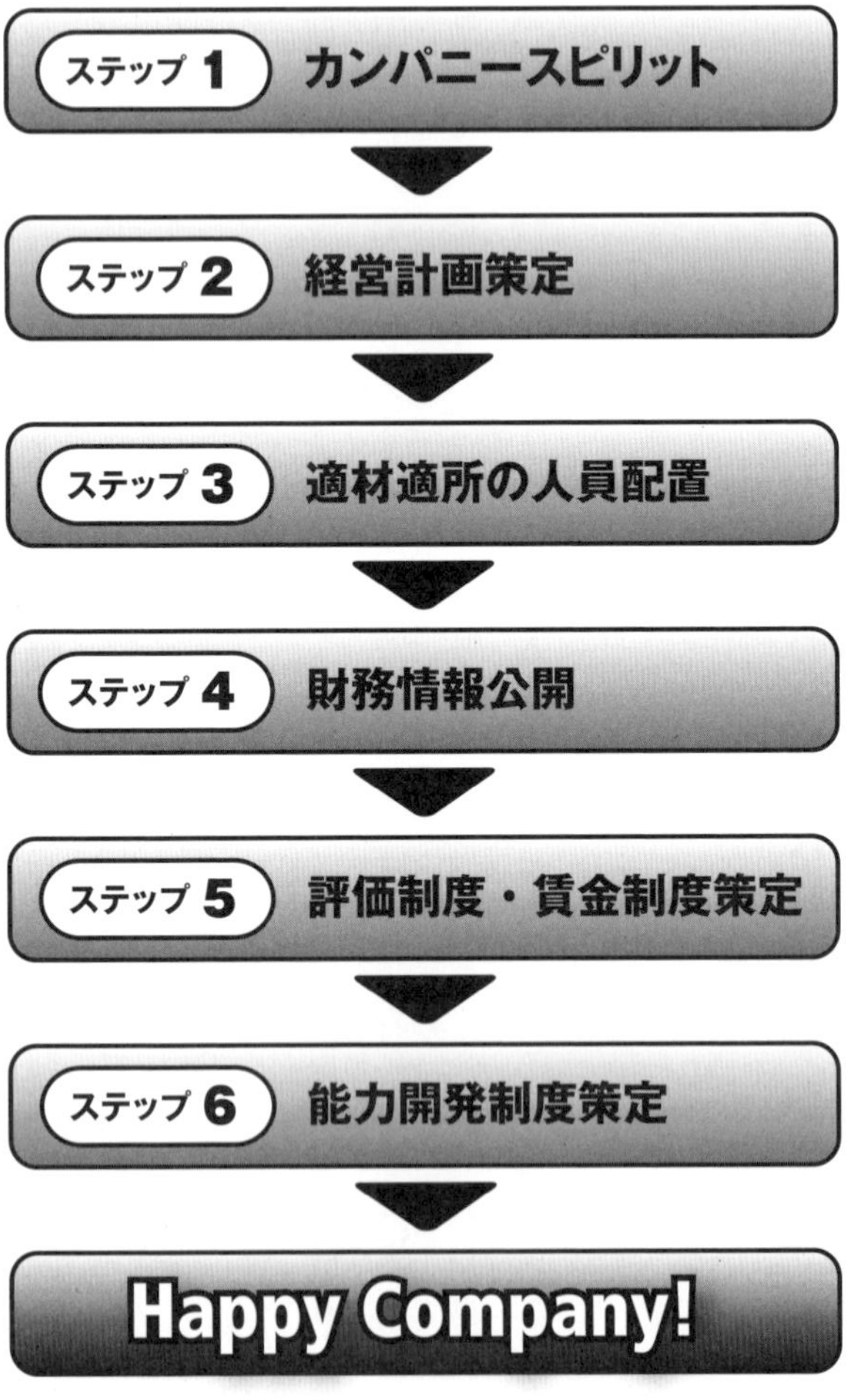

ハッピーカンパニーを創るためには、6つのステップがあります。

【図表11】をご覧ください。各ステップを簡単に説明します。

まず、最初に行うことは「カンパニースピリッツ」を明確にすることです。

カンパニースピリッツとは、ディズニーランドをプロデュースした堀貞一郎氏が作った言葉です。当時、遊園地という言葉しかなかった時代、堀氏は、大学生が働きたいと思えるような場所を作ろうとしました。そのために、ネーミングをテーマパークとし、経営理念をカンパニースピリッツという言葉に置き換えました。その結果、どんなことが起こったかは、読者の皆さんも知るところでしょう。堀氏の言うカンパニースピリッツとは、「全社員の心を奮い立たせるワクワクするようなもの」です（『楽しくなければ会社じゃない』（堀貞一郎著、プレジデント社）。

中小企業において、経営者の考え方が会社の経営を左右します。よって、軸の明確でない経営者のもとで働く従業員は不幸です。

朝令暮改という言葉の通り、言うことがコロコロ変わり、そのたびに従業員は振り回されます。殊、中小企業においては、経営者が尊敬すべき人物か、生き様が明確か、自分たちを見ていてくれているか？　努力をすれば評価をしてくれるか？　軸が明確で、自分たちの行き先について旗を振り上げてくれるか？　ということは、大切な要素となります。

『ＯＮＥ　ＰＩＥＣＥ』（尾田栄一郎著、集英社）というコミックが累計発行部数３億冊を突破しています。読者層は10代から50代までと幅広く、海外にも輸出されていま す。ストーリーは、架空の世界の海賊の一味の冒険の話です。なぜこのコミックがこれほどまで幅広い年齢層に読まれ続けているのでしょうか？　ここに、主人公のルフィの在り方があると私は考えています。ルフィはゴムゴムの実を食べてゴム人間になった男の子です。彼がどんなときにも必ず言う言葉があります。「オレは海賊王になる！」。非常に単純で、わかり易い言葉ですが、これが彼の行く方向です。個性あふれる一癖も二癖もある海賊船の乗組員も、一度戦った敵も、いつしかルフィの人柄やビジョンに惹かれ、仲間になっていきます。

確かにルフィは、単純でわかり易く、情が厚く、自分が正しいと思ったことは、逆境をものともせず、突き進む、ある意味魅力的な人物として描かれていますが、彼の一番の魅力は、どんなときにも、仲間が行く方向を照らし、旗を振り続けるというところにあるのではないでしょうか。

『ONE PIECE』はコミックの話ではありますが、魅力的な経営者と呼ばれる人たちにも、ルフィと同じような在り方があるのではないかと私は考えています。

つまり、経営者の大きな役割の一つとして、従業員の行き先が見える様に旗を振り続けるという役目があると考えているのです。

もし、カンパニースピリッツが明確でない場合は、まずそこから始めることをお勧めします。カンパニースピリッツは、従業員の行き先を照らす旗にもなりますし、灯台の灯りにもなります。これを決定することによって、経営者自身が日々の決断をしていくときにも、ある種の軸となり、ぶれない経営判断ができるという効果もあります。ぜひ、今一度自分の会社のカンパニースピリッツを確認し、もし存在していても形骸化しているとか、はっきりしていない場合は、この機会に、考えをまとめてみてください。

カンパニースピリッツとともに、重要なことは行動指針です。カンパニースピリッツがわかり易く、経営者と従業員が概念を共有できる状況であれば問題がありません。しかし、通常経営者と従業員には、様々な場面で温度差があります。カンパニースピリッツを聞いて、その言葉を表面上理解しても、日常において仕事をしていくときに、「こんなときどう行動すれば、カンパニースピリッツに沿った行動になるんだろう」と従業員が迷うことがしばしばあります。これを補うのが行動基準です。この行動基準を概念的に作るのではなく、コンピテンシー（仕事のできる人の行動基準）として、従業員自身に考えてもらうと、その効果は絶大です。コンピテンシーを考える過程で、カンパニースピリッツに立ち戻り、「うちの会社のカンパニースピリッツに沿った行動とはどんな行動だろうか？」「あの仕事のできる先輩の行動は、こんな考えから生まれているんだ」という気づきがあります。人が行動を変える時には、必ず内面で大きな変化が起こっています。できれば、行動基準については、従業員でプロジェクトを作って考えると、よりカンパニースピリッツが従業員の間で腑に落ちるでしょう。経営者が一人で考える場合にも、場面を想像しながら、こんな時にどんな行動をとれば、カンパニースピリッツへ向かう流れに沿った成果を導き出すか、考えていくと従業員にも理解しやすい行動基準になります。

2つ目は、経営計画を明確にするということです。今年度の経営計画を立てる場合、前年対比でとか、なんとなく景気の動向からこのくらいと考える会社があります。この決め方で行う場合、会社が大きく成長するということはありません。過去に引きずられて、経験則から考える目標値だからです。財務的に体力をつけるためのスタートは、経営計画を未来から逆算して立てるということです。つまり、目標を定め、そこから各月に落とし込んでいくという方法です。

3つ目は、適材適所に人員を配置するということです。このことは、従業員一人一人に居場所を作ることに繋がります。この目的は、経営側と従業員、そして従業員同士の信頼関係を作ることです。人間同士のつながりが信頼関係で結ばれた組織はとても強くなります。東日本大震災後「絆」という言葉がブレイクしました。本来人は、人と人とのつながりや結びつきをとても大切にしています。職場において、強固な信頼関係に基づいた絆を実現することができれば、定着率は格段によくなりますし、従業員のモチベーションは飛躍的にアップします。

4つ目は、財務情報を公開するということです。経営者と従業員の温度差の原因は、情報量の差によると言っても過言ではありません。特に、財務状況を知らされていない従業員は、そもそも自分の給料がどこから出ているかもわからず、会社の売り上げや利益を上げることに興味を持たず、興味の対象は月々振り込まれる自分の手取りだけになります。その結果、日々人から言われた仕事を淡々とこなすだけになります。これでは、モチベーションを上げて仕事をするということ自体に無理があります。

とはいえ、社内の信頼関係が固まっていない中、いきなり情報を公開されても、逆に経営者に対する不信感が芽生えたり、漠然とした不安感にさいなまれることもあります。よって、まずは信頼関係を強固にし、その後、財務情報を公開をすることが望ましいです。それによって、今自分は何をすべきか、どう行動すれば会社の役に立つか、自分で考えられる従業員へと成長していきます。

上記4つのステップを踏み、その後、5つ目のステップとして、いよいよ従業員の納得感の高い評価制度や、その評価にリンクした給与制度を作ります。人件費÷粗利を労働分配率と言います。粗利の額が決まれば、おのずとその会社の人件費は決まってきます。評価制度や給与制度はその総人件費の枠のなかで、より会社に貢献した人には多く、そうでなかった人には、少なく分配していくための制度です。評価制度や給与制度のキーワードは「納得感」です。「納得感」の高い制度が作れると、従業員は、より高みを目指して働く気分になります。

そして、6つ目が従業員一人一人が自己実現できる能力開発制度、すなわち教育制度を作ります。この会社にいたら、自分は必ず成長していくという姿を見せる制度です。評価をして給料を決めるだけでは、それほど効果を発揮しません。将来の自分は、この会社で大きく成長していけるという確信を持った時、従業員の定着度はあがります。

この6つのステップを一つ一つ上ることにより、会社は必ずハッピーカンパニーへと成長していきます。6つ目のステップを上ったら、あとは、PDCAサイクルを回していきます。

一度決めたカンパニースピリッツが、しっくりこなければ修正を加え、制度が今一つであれば、それも改善していけばいいでしょう。一度決定したからといって、それを永遠に使い続ける必要はありません。会社や経営者、従業員の成長に応じて、柔軟に変えていく姿勢が、会社を大きく発展させていく元となります。

4 ハッピーカンパニーになるために

前項の6つのステップは、すぐに始めるには、少々ハードルが高いかもしれません。では、自分の会社をハッピーカンパニーにするために明日から何を行えばよいでしょうか?

まずは、「ハッピーカンパニーにする」と決意することです。それが何よりの一歩です。決めなければことは進みません。

次に行うことは、「3つの条件+カンパニースピリッツ」のどこが弱いかを確認し、クリアできていないという部分を伸ばす計画を立てます。会社の組織づくりも、マーケティングと考え方は全く同じです。ゴールを決めて、それに到達するための戦略を立てます。その時に参考にしていただきたいのが、6つのステップです。

戦略を立てるのは、経営者自身が行っても良いですし、社内でプロジェクトチームを作って進めてもよいでしょう。もちろん、専門家に相談することもお勧めです。

もし、経営者が一人で進めていくのであれば、外部の専門家やコーチをつけるのもよいでしょう。コーチとは、良質な質問をしながら、クライアントの考えをまとめたり、新しいアイデアの発送になるような手助けをしてくれる人です。最近コーチングという考え方が日本でも浸透しつつあります。コーチとは「Ｃｏａｃｈ」（馬車、乗り物）を語源とするアメリカから来た考え方で、ともに走る伴走者にもたとえられることがあります。自分一人では、凝り固まった固定概念にはまり、考えが散漫になったり、新しい考えが浮かばないこともあります。それを第三者から質問を投げかけられることにより、考えを発散させたり収束させたりすることができるという効果があります。また、第三者を付けることにより、目標設定への進捗状況等を常に報告できるという効果もあり、一人ではなかなか行動に移せない状況を打破する一助にもなります。

経営者とは孤独です。社内の他の役員や従業員と関係性がよく、何でも話せる関係であっても、殊経営についてては、腹を割って相談ができないということはよくあります。前述のようなコーチや、外部の専門家を活用し、会社を変革していくことも一つの手段です。

私はハッピーカンパニーが日本に1000社できれば、そこに働く人や家族もハッピーになり、日本の社会がもっともっと明るくなるのではないと考えています。

会社は、人生の縮図です。多くの経営者がこの考えに賛同し、ブラック企業などと呼ばれない体質を作り、楽しく充実した会社を作って頂きたいと思います。

日本中の経営者とサラリーマンに心からのエールを送ります。

チェックリスト

あなたの会社はブラック企業？

	項目	YES	NO
1	残業代は、毎日30分切り捨てで計算される。あるいは、タイムカードを押してからサービス残業をさせている		
2	給与明細には、基本給以外に残業代の項目がない		
3	残業代の基礎となる時給を計算する際、精勤手当や職務手当等を入れずに、基本給のみで計算をしている。（残業代の基礎に入れなくて良いのは、「家族手当、通勤手当、住宅手当、別居手当、子女教育手当、臨時に支払われる賃金、1ヵ月を超える期間ごとに支払われる賃金」のみです（※202ページ参照））		
4	残業時間が毎月80時間以上ある		
5	休日を週に1日以上取らせていない		
6	タイムカードや出勤簿がなく、労働時間の管理を会社が行っていない		
7	課長以上は一律残業代がつかない等、法律でいう管理監督者でないにも関わらず、残業代を支払っていない		
8	強制参加の研修に参加しても給料は支払わない		
9	週に20時間以上働いている従業員を、雇用保険に加入させていない		
10	正社員の4分の3以上の時間働いている従業員を、社会保険に加入させていない		

	項目	YES	NO
11	10人以上の事業所にも関わらず、就業規則がない。もしくは、あっても周知していない		
12	労働条件通知書もしくは雇用契約書を交付していない		
13	月給を実際の労働時間で割る(残業は1.25で計算)と、時給がその地域の最低賃金を割っている		
14	給料の遅配がよくある		
15	仕事中の事故でけがをしたが、労災は使わないように従業員に言っている。実際に、使わせていない		
16	社内で暴力を伴ったハラスメント事件が起こっている		
17	社内や飲み会で、経営者や上司が部下の異性に、交際をしつこく迫ったり、体に触れたことがある		
18	会社で使うパソコンは支給されず、私物を持ってくるように指示された		
19	産休や育児休業を取りたいという従業員に辞めるように伝えた、あるいは今まで実際に辞めさせたことがある		
20	年次有給休暇をくださいという従業員に、「うちには有休はない」と言ってとらせなかった		
	合計		

診断は次ページ…

チェックリスト

あなたの会社はブラック企業？
診断結果

YESはいくつありましたか？

15個以上	ブラック企業といって間違いないでしょう。 早急な改善が求められます。
10個以上 15個未満	グレーですね。 早急に労務管理を正さないとブラック企業の烙印を押される可能性大です。
5個以上 10個未満	ホワイトになる可能性が大きい会社です。 弱い部分を積極的に改善しましょう。
5個未満	すばらしい！ ブラック企業と言われることはまずないでしょう。この調子でハッピーカンパニーを目指しましょう。

あとがき

最後までお読みいただき有難うございました。

ここで、P72のクイズの回答です。

新卒で会社に貢献できない、残念な従業員を雇ったとします。その人が40年在籍したとしたら、その損失は……

約3億5千万円です。

根拠は以下の通りです。

「ユースフル労働統計加工指標集2012」（労働政策研究・研修機構）によると、労働者の生涯賃金（退職金除く）について、こんな統計があります。「学歴別では、中学卒で2億2千万円、高校卒で2億5千万円、大学・大学院卒では3億3千万円となる。（中略）企業規模別にみると、大学・大学院卒の場合、10～99人では2億6千万円であるのに対し、1000人以上では3億9千万円となっている」。規模や学歴によって大きく違いますので、生涯賃金を約2億5千万円としました。

従業員には、賃金の他、様々な経費がかかります。社会保険料、福利厚生、PCや文房具のようなものも支給します。通常、従業員を雇おうとしたら、かなり安く見て年収の1・3～1・5倍の資金を用意する必要があると言われてます。ここでは、その平均をとり、1・4倍。よって、

2億5千万円×1・4＝3億5千万円　です。

経営者という仕事は、大変な仕事です。自分の生活、自分の家族の生活を支えるのみでなく、従業員とその家族の生活も支えています。従業員の人数が多ければ多いほど、その負担は大きいものとなるでしょう。

私は自分の人生のミッションに「人を輝かせる」ことを掲げています。

大変な仕事をして、多くの人の生活を支えている経営者自身が輝くようなそんなサポートをしたいといつも考えています。

一生懸命生きている人たちが、報われる社会に。

この本がそんな社会になることの一助となることを心より祈念しています。

この本を手に取ってくださった読者の方々、様々な無理を笑顔で受けてくださった

保険毎日新聞社の内田弘毅氏に心からの感謝をこめて、あとがきとさせていただきます。

本当に有難うございました。

２０１５年2月吉日

ブラック企業は誰がつくる?
無知な経営者と狡猾なブラック社員

2015年3月7日　第1刷

著者　　　　　假谷美香（かりや　みか）
発行所　　　　株式会社保険毎日新聞社
〒101-0032東京都千代田区岩本町1-4-7
電話03-3865-1401㈹／FAX03-3865-1431
URL http://www.homai.co.jp
発行人　　　　真鍋幸充
編集　　　　　内田弘毅
編集協力　　　大西華子
印刷・製本　　有限会社アズ
デザイン　　　中尾 剛
ISBN 978-4-89293-256-4